创业管理基础教程

主 编 王 丹 隋姗姗
副主编 李卉妍 肖 灿

南开大学出版社
天 津

图书在版编目(CIP)数据

创业管理基础教程 / 王丹,隋姗姗主编. —天津:
南开大学出版社,2019.4
ISBN 978-7-310-05752-8

Ⅰ.①创… Ⅱ.①王… ②隋… Ⅲ.①企业管理—教
材 Ⅳ.①F272

中国版本图书馆 CIP 数据核字(2019)第 015059 号

南开大学出版社出版发行
出版人:刘运峰
地址:天津市南开区卫津路 94 号　　邮政编码:300071
营销部电话:(022)23508339　23500755
营销部传真:(022)23508542　　邮购部电话:(022)23502200

＊

天津市蓟县宏图印务有限公司印刷
全国各地新华书店经销

＊

2019 年 4 月第 1 版　　2019 年 4 月第 1 次印刷
260×185 毫米　16 开本　8 印张　182 千字
定价:28.00 元

如遇图书印装质量问题,请与本社营销部联系调换,电话:(022)23507125

主　编：王　丹　隋姗姗

副主编：李卉妍　肖　灿

编者（按拼音排序）：

巴扎汉　　陈鸿铭　　高雯晶　　黑珍珍

陆　璐　　刘姗姗　　刘翠翠　　刘　畅

刘春放　　石佳伟　　滕文庆　　王　微

谢洪浪　　尹　娜　　张腾蛟　　张俊现

序

　　"创业"——人类行为的一种，可以通过"拆词"的方式对其进行剖析及历史追索。"创"源于人类的梦想与个性，"业"源于对企业恰当的管理。我们所关注的问题是：源于梦想及个性的"创行为"能否成就被社会认可并接纳的"业实体"？正是这个关乎创业"不确定性"或"风险"的问题，使得创业活动先天地带有某种魔力，刺激着古今中外无数创业者内心原始质朴的创业冲动和矢志不渝的创业情感。

　　历史总是惊人地相似。有关人类"创"和"业"的历史与古老的社会文明一样久远。在人与大自然的长久互动中，伟大的人类智慧在不断地演进着、丰富着，创业精神正是人类智慧的结晶，是人类本自具足的智慧的组成部分。目前，中国是全球第二大经济体，在经历了近 40 年的市场经济大潮的洗礼和不断的试错、改革之后，对创业的理解及行为选择逐渐地趋向成熟和理性。

　　"下海"，作为改革开放以来具有强烈时代特征的词汇之一，早已淡出了人们的视线。作为一个时代现象或记忆符号，只是在人们不经意间提及某个历史事件时被刻意地引用。然而，"大众创业，万众创新"这一带有国家战略意味的舆论引领，却恰如一夜春风来，千树万树"创花"开，全民创业时代再次被开启。中国改革开放之初的"下海"经商，被具有国家战略意义的"创新创业"所取代，不能不说这是古老华商文明的又一次进步。

　　海南从不缺乏创业基因。海南岛——这个中国第二大岛，在改革开放的历史进程中，曾几何时借由"天高皇帝远"的地理区位优势一度成为中国的创业热土。无数时代的弄潮儿豪情万丈地南下、上岛，在这千里之外的海岛圈地、淘金，尽情地、无序地、近乎野蛮地释放着他们原始的创业冲动。北纬 18 度的炽热阳光下，暴晒的走私车和烂尾楼是留给激情过后的海南岛及创业者们心中永远的伤痛。

　　三亚学院是中国几百余所民办高校中的一所。校长陆丹教授不仅是一位职业校长，更是一位极富教育情怀的社会企业家典型。这一评价得益于企业家精神在社会公共部门中的实践演进，得益于从事创业研究的中外学者对社会公共部门中企业家精神的不断探索。对于创办一所大学的钟情是陆丹校长区别与其他民办大学校长的典型人格特质之一；与之相得益彰的三亚学院办学核心理念——"创新、创业、创价值"更是将发生在本世纪中国教育领域的一场精彩纷呈的创业活动及其所展现的社会企业家精神，以一所成功的民办大学姿态展现在世人面前。

　　《创业管理基础教程》与《企业家精神与中国式创业——本土创业案例解析》这两本书是由三亚学院热衷于创业教育的同仁们集体创作而成的。这两本书旨在对发生在当今中国的全民创业活动的基本规律、基本流程及基本政策等知识进行系统梳理；对创业活动中的企业家精神理论及实践，特别是由中国企业家所主导的"中国式创业"及其所体现出的企业家精神进行尝试性的探索，试图发现"中国式创业"及中国企业家精神的DNA，试图在一直由西方学者所主导的创业及企业家精神研究领域，发现并植入中国元素。

在"中国企业家精神特质"整体框架的搭建方面，校长陆丹教授给予了写作团队极为关键的指导和点拨。陆丹校长在其十余年的高等教育创业实践中积累了丰富的企业家精神实践经验，对中国的企业家精神特质有其独到的理解。假以时日团队将继续尝试并完善陆丹校长所提出的"中国企业家精神五特质"框架，并将进一步尝试构建中国本土的企业家精神及创业理论体系。

两本书、二十余位同仁、历时三个月的集体写作是在三亚学院历经"出世"的第一个"创业十年"后，历史性跨入卓越计划的"二次创业"时期，在"以学生为中心，以进取者为标榜，以教育情怀为乐趣"的新的办学纲领指引下，一次关乎创业、关乎理想的青涩尝试。对于奉"创新、创业、创价值"为教育信条的三亚学院创业教育的同仁而言，两本书作的创作，其初心早已远远超出学术研究本身，更像是溶入血液、渗入骨髓的三亚学院人创业教育情怀的一次本能的深情告白。

三亚学院的创业教育团队未来将继续探索并尝试出版更多的创业书作。唯如此，才能践行三亚学院"创新、创业、创价值"的教育信条；唯如此，才能不忘初心，以飨梦想。

王丹

2018.4.2

目 录

第一章　创业与创业机会

第一节　创业内涵概述

一、创业的内涵

关于创业，《现代汉语词典》做出的解释是：创办事业。其中的"业"字，《现代汉语词典》做出如下解释：（1）行业，指工业、农业、林业等；（2）职业，指就业、转业等；（3）学业，指肄业、业、修业、毕业、结业等；（4）事业，指功业、创业、业绩；（5）产业，指财产、家业。

如何界定创业，目前学术界还没有达成共识，但比较有影响的定义有以下几种。

哈佛商学院认为，创业是不拘泥于当前资源条件的限制对机会的追寻，将不同的资源进行组合以便利用和开发机会并创造价值的过程。

杰弗里·蒂蒙斯认为，创业是一种思考、推理和行为方式，这种行为方式是机会驱动、注重方法和与领导相平衡。创业导致价值的产生、增加、实现和更新，不只是为所有者，也为所有的参与者和利益相关者。

百森学院认为，创业是一种思考、推理和行动的方法，强调机会，要求创业者有完整缜密的实施方法和讲求高度平衡技巧的领导艺术。

霍华德·斯蒂文森认为，创业（是一种管理方式），即对机会的追逐，与当时控制的资源无关。创业可由以下六个方面的企业经营管理活动来理解：发现机会、战略导向、致力于机会、资源配置过程、资源控制、管理和回报。

在中国，南开大学商学院教授张玉利认为，创业是具有创业精神的个体与有价值的商业机会的结合，是开创新视野，其本质在于把握机会、创造性地整合资源、创新和超前行动。

彭建设等学者认为，创业是指创设、创造、创新职业或企业。其基本含义有四层："一是创造出前所未有的新职业；二是凭借自己的力量创设职业岗位而从事某种职业；三是努力奋斗拓展自己所在职业领域，拓展、更新其内涵推动职业发展；四是根据市场需要，开办适应经济发展的某种职业或企业。"

郁义鸿认为，创业是一个发现机会和捕捉机会并由此创造出新颖的产品或服务，实现其潜在价值的过程。

宋克勤认为，创业是创业者通过发现和识别商业机会，组织各种资源提供产品和服务，以创造价值的过程。

杨艳萍在《创业学》中对创业的定义是："广义地讲，创业泛指在各个领域开创事业并且在特定领域内造成较大的影响，一般强调关系到国计民生的事业。"

王树生认为，创业是一个发现和捕获并由此创造出新颖产品或服务和实现其潜在价值的过程。

曲殿彬认为，创业是指个体根据市场需求发现的商业机会，为了自己的生存与发展，以自身条件的可能为基础，在符合法律和道德的前提下，以积累积聚财富为目的，以经营现有的资源为手段，创造性投资兴办经济实体的经济活动。①

二、创业的特征

1. 自主性，是指创业活动会充分发挥创业者的自主性，在创业实践过程中，创业者能自主确立各项计划、项目制定、人员调配、资金运作、场地维护等相关要素，并自负其责。

2. 开创性，是指创业对于任何创业者都是一项前所未有的事业，是从无到有地创建一个经济实体，或使已有的经济实体从小变大，从旧产品发展到新产品。

3. 发展性，是指创业是一个不断发展的过程，始终处于变动发展的状态，因而创业不同于守业。

4. 风险性，是指创业者在创业过程中本人没有成功的经验可借鉴，也不能保证创业一次成功，必然要承担来自创业领域的人员、现金、技术、授权、决策、财务等各种风险。

5. 社会性，是指创业是一种具有群体性的社会活动，即使作为个体的创业活动也会对社会产生影响，而不只是个体行为。

6. 艰辛性，是指创业者创造新的有价值事物的过程，需要创业者付出极大的努力，要比就业者付出更多的艰辛才能获得创业成功。

7. 经济性，是指创业不仅使创业者获得经济利益，实现自身的社会价值，还会为其他人提供就业岗位，为社会创造财富。

8. 不确定性和风险性，是指创业没有绝对的安全，百分之百成功只是少数，创业的结果具有不确定性和风险性，常常是事业规模越大，风险就越大。②

三、创业的类型

（一）按照创业动机分类

按照创业动机进行分类，可将创业分为生存型创业和机会型创业。

1. 生存型创业，一般是为了谋生自觉或被迫地走向创业，大多集中在服务业，没有创造新的需求，只是在现有的市场寻找创业机会。由于创业动机仅仅是为了谋生，所以往往小富即安，极难做大做强。

2. 机会型创业，其出发点是为了抓住和利用市场出现的商机和国家政策，创造出新的需

---

① 曲殿彬. 论创业的内涵、特性、类型及价值[J]. 白城师范学院学报，2011（10）.
② 曲殿彬. 论创业的内涵、特性、类型及价值[J]. 白城师范学院学报，2011（10）.

要或满足潜在的需求。它能带动新的产业发展，而不是加剧市场竞争。

（二）按照创业内容分类

按照创业内容，可分为科技型创业、知识型创业、技能型创业、体力服务型创业。

1. 科技型创业，是指创业者掌握高新技术项目或高科技含量的专利项目进行创业。如高科技公司或产业。

2. 知识型创业，是指创业者为了满足人们节省精力、提高效率的需求，充分利用自己所掌握的知识而创办的各类知识型的服务机构进行创业。如律师事务所、广告公司等。

3. 技能型创业，是指创业者利用已掌握的独特的技艺或配方，充分利用占有的市场优势进行的创业。如酿酒业、工艺美术品等。

4. 体力服务型创业，是指利用自身所具有的体力进行的服务型创业。如代购、搬运、递送等。

（三）按照创业者开始的方式分类

1. 离职创立新公司，新公司与原来任职公司属于不同行业性质，新公司必须立即面对激烈的市场竞争。

2. 新公司山原行业精英组成，试图形成最佳团队，即集合众家之长来发挥竞争优势。

3. 创业者利用原有的专业技术与顾客关系创立新公司，并且能够提供比原公司更好的服务。

4. 接手一家营运中的小公司，快速实现个人创业梦想。

5. 创业者拥有专业技术，能预先察觉未来市场变化与顾客需求的新趋势，因而决定掌握机会，创立新公司。

6. 为给特殊市场的顾客提供更好的产品与服务而离职创立新公司，新公司具有服务特殊市场的专业能力与竞争优势。

7. 创业者为实现新企业理想，在某新市场中领先创新，以获得更大的竞争优势，但相对不确定性风险比较高。

8. 离职创立新公司，产品或服务与原有公司相似，但是在流程与营销上有所创新，能为顾客提供更满意的产品与服务。

（四）按照创业过程分类

1. 复制型创业。这种形式的创业，即复制原有公司的经营模式，创新的成分很低。例如，某人原本在餐厅里担任厨师，离职后自己创立一家与原服务餐厅类似的新餐厅。新创公司中属于复制型创业的比率虽然很高，但由于这类创业的创新贡献较低，缺乏创业精神的内涵，所以不是创业管理主要研究的对象。这种类型的创业基本上只能告诉人们"如何开办新公司"，因此很少会被列入创业管理课程中学习。

2. 模仿型创业。这种形式的创业，对于市场来讲，虽然也无法创造更多的新价值，创新成分也很低，但与复制型创业的不同之处在于，创业过程对于创业者而言具有很大的冒险成分。例如，某一纺织公司的经理辞掉工作，开设一家当下流行的网络咖啡店。这种形式的创业具有较高的不确定性，学习过程长，犯错机会多，代价也较高。这类创业者如果具有适合的创业人格特性，经过系统的创业管理培训，掌握正确的市场进入时机，还是有很大机会可以获得成功。

3. 安定型创业。这种形式的创业，虽然为市场创造了新的价值，但对创业者而言，本身并没有面临太大的改变，做的也是比较熟悉的工作。这种创业类型强调的是创业精神的实现，也就是创新的活动，而不是新组织的创造。企业内部创业即属于这一类型。例如，研发单位的某小组在完成开发一项新产品后，继续在该企业部门研发另一新项目。

4. 冒险型创业。这种类型的创业，给创业者本身带来极大改变，个人前途的不确定性增大，对新企业的产品创新活动而言，也将面临很高的失败风险。虽然冒险型创业是一种难度和失败率很高的创业类型，可是一旦成功所得的报酬也很惊人。这种类型的创业如果想要获得成功，必须在创业者能力、创业时机、创业精神发挥、创业策略研究拟定、经营模式设计、创业过程管理等各方面，都有很好的匹配。

第二节 创业机会识别与评估

人们常说创业不可能一蹴而就，但在这条艰难的路上，任何一个渺小的点都会激发出无限的可能。那么究竟如何识别这个点呢？

一、创意与创业

所谓创业，是在动态竞争前提下的机会驱动过程，是创业者在面对大量的不确定性因素时分析、评估机会并进行有选择的投资决策的行动。简单来说，创业是指创办新的企业或开辟新的事业，实践性是创业的标志。创业就是发现机会，整合资源，进而创造财富。识别创业机会是创业的起点，也是核心。机会识别是创业的开端，也是创业的前提。可以说，机会无时不在，无处不在，但难以捉摸。

随着世界经济的发展与科学技术的进步，创新与企业家精神在经济发展中发挥着日益重要的作用，创业活动作为二者的集中体现，在当今的中国乃至全世界越来越成为经济发展中的强劲推动力。创业家们常说"好的创意是成功的一半"。然而，创意并不等于创业机会，这是因为一个创意可以通过多种方法产生，可以不十分注重其实现的可能性，但一个创业机会却必须是实实在在的，是能够用作新创企业的基础的，这是一个相当关键的区别。因而，创业者必须要进行创业机会研究。

事实上，创业与一般管理的不同，在创业机会的寻找过程中，它并非是一个理性的过程，也非一个求最大值的过程。创业往往是从发现、把握、利用某个或某些商业机会开始的。所谓创业机会，也称商业机会或市场机会，是指有吸引力的、较为持久的和适时的一种商务活动的空间，并最终表现在能够为消费者或客户创造价值或增加价值的产品或服务之中。识别创业机会是创业成功最重要的第一步，好的创业机会是创业成功的一半。因此，机会识别是创业的开端，也是创业的前提。

二、创意与创业机会

（一）先有创意，再谈机会

创业因机会而存在，而机会往往与我们常说的天时、地利、人和相联系，属于时间与行为概率范畴。纽约大学柯兹纳教授[①]认为，机会就是未明确的市场需求或未充分使用的资源或能力。机会具有很强的时效性，一旦被别人把握住就不存在了。而机会总是存在的，在马斯洛[②]需要层次理论中，人的需求是随着时间的推移不断攀升的，当人们一种需求被满足，另一种更高层次的需求就会产生。所以，我们所处的创业环境中一类机会消失了，也意味着另一类机会会产生。然而，大多数机会不是显而易见的，需要人们去发现、去挖掘。如果显而易见，总会有人开发，有利因素很快就不存在了。

对机会的识别源自创意的产生，而创意是具有创业指向同时具有创新性的想法。在创意没有产生之前，机会的存在与否意义并不大。有价值潜力的创意一般具有以下基本特征：

一是独特、新颖，难于模仿。创业的本质是创新，创意的新颖性可以是新的技术和新的解决方案，可以是差异化的解决办法，也可以是更好的措施。另外，新颖性还意味着一定程度的领先性。不少创业者在选择创业机会时，关注国家政策优先支持的领域就是在寻找领先性的项目。不具有新颖性的想法不仅将来不会吸引投资者和消费者，对创业者本人也不会有激励作用。

二是客观、真实，可以操作。有价值的创意绝对不会是空想，一定会有现实意义，具有实用价值。简单的判断标准是能够开发出可以把握机会的产品或服务，而且市场上存在对产品或服务的真实需求，或可以找到让潜在消费者接受产品或服务的方法。

另外，有潜力的创意还必须具备对用户的价值和对创业者的价值。创意的价值特征是根本，好的创意要能给消费者带来真正的价值。创意的价值要靠市场检验，好的创意需要进行市场测试。同时，好的创意必须给创业者带来价值，这是创业动机产生的前提。

需要注意的是，创意与点子不同，区别在于创意具有创业指向，创业的人在产生创意后，很快甚至同时就会把创意发展为可以在市场上进行检验的商业概念。商业概念既体现了顾客正在经历的也是创业者试图解决的种种问题，还体现了解决问题所带来的顾客利益和获取利益所采取的手段。例如，帮助高尔夫球手把打丢的球找回来是一个创意，容易把球打丢是实际存在的问题，而有人试图要解决这个问题，在高尔夫球内安置一个电子小标签，开发手持装置搜索打丢的球是解决问题的手段。

创业机会是指那些适合创业的机会，特别是创意。看到机会、产生创意并发展成清晰的商业概念意味着创业者识别到机会，至于发展出的商业概念是否值得投入资源开发，是否能成为有价值的创业机会，还需要认真的论证。

（二）是不是机会，市场是最好的试金石

创业者对机会的评价来自他们的初始判断，而初始判断通常就是假设加简单计算。牛根

[①] 伊斯雷尔·柯兹纳，当代奥地利学派掌门人，他用毕生精力研究市场过程，发表了最为著名的著作 Competition and Entrepreneurship（University of Chicago Press, 1973）。

[②] 马斯洛，美国人本主义心理学家。他在 1943 年《人类激励理论》一书中提出，人类需求像阶梯一样从低到高，可分为五个层次，分别是：生理需求、安全需求、社交需求、尊重需求和自我实现需求。

生[①]在谈到牛奶的市场潜力时说，"民以食为天，食以奶为先，而我国人均喝奶的水平只是美国的几十分之一"。也许这就是他对乳制品机会价值的直观判断。这样的判断看起来绝对不可信，甚至会觉得有些幼稚，但却是有效的。机会稍纵即逝，如果都要进行周密的市场调查，反而难以把握住机会。一般来讲，假设加上简单计算只是创业者对机会的初始判断，进一步的创业行动还需依靠调查研究，对机会价值做进一步的评价。

创业者经常容易犯的错误是，自己认为好的，则一厢情愿地断定顾客也应该认为好。"己所不欲勿施于人"，然而"己所欲施于人"也不一定能奏效。如何确定顾客的偏好，通常可以采用市场测试的方法，即将产品或服务拿到真实的市场中进行检验。市场测试可以说是一种比较特殊的市场调查，是创业者的必修课。市场测试与市场调查不完全相同，询问一个消费者是否想购买和这位消费者实际是否购买是两回事。雀巢咖啡为打开中国市场，选择一些城市向住户投递小袋包装咖啡就是一种市场测试。

此外，商业模式设计也是机会识别和论证工作的一部分，创业者在机会识别阶段很难设计出完整的商业模式。商业模式是产品、服务和信息流的一个体系架构，包括说明不同的参与者以及各自的角色，参与者的潜在利益，企业收入的来源等。

需要注意的是，不能把盈利模式简单等同于商业模式。例如，将福建的茶叶贩到俄罗斯高价卖出是盈利模式，报纸通过低价或好新闻扩大读者群，吸引企业在报纸上做广告，进而赚取企业的广告费也是盈利模式，这样的盈利模式很容易被模仿。盈利模式仅是商业模式的一部分，商业模式往往包含了更长链条的赚钱逻辑。只有开发出有效的商业模式，才会激发足够多的顾客、供应商等参与合作，创建成功的新企业才更具有可行性。

人类对创造力的追求就像是人类社会进步的原动力一样，这种原动力是源于人性本身对自我需求的挑战。

创意的来源往往离不开早期环境教育对创业者的影响，并在很大程度上依赖于人的个性。在社会环境潜移默化的影响下，创业的创意与灵感在市场的浪潮中不断被激发出来。

创意本无好坏之分，但对于创业谋划者或初创公司来说，在市场经济竞争异常激烈的大背景下，合理的识别与评估往往决定了公司的成败，这一点显得尤为重要。

三、对市场的评估

（一）市场评估准则

1. 市场定位。一个好的创业机会，必然具有特定的市场定位，能够满足顾客需求，同时能为顾客带来增值的效果。因此评估创业机会的时候，可由市场定位是否明确、顾客需求分析是否清晰、顾客接触通道是否流畅、产品是否持续衍生等来判断创业机会可能创造的市场价值。创业带给顾客的价值越高，创业成功的机会就越大。

2. 市场结构。针对创业机会的市场结构进行 4 项分析，包括进入障碍，供货商、顾客、经销商的谈判力量，替代性竞争产品的威胁，以及市场内部竞争的激烈程度。由市场结构分析可以得知新企业未来在市场中的地位，以及可能遭遇竞争对手反击的程度。

---

① 牛根生，蒙牛乳业集团创始人，老牛基金会创始人、名誉会长，"全球捐股第一人"。

3. 市场规模。市场规模大小与成长速度也是影响新企业成败的重要因素。一般而言，市场规模大，进入障碍相对较低，市场竞争激烈程度也会略为下降。如果要进入的是一个十分成熟的市场，即使市场规模很大，由于已经不再成长，利润空间必然很小，因此新企业恐怕就不值得再投入。反之，一个正在成长中的市场，通常也会是一个充满商机的市场，所谓水涨船高，只要进入时机正确，必然会有获利的空间。

4. 市场渗透力。对于一个具有巨大市场潜力的创业机会，市场渗透力（市场机会实现的过程）评估将会是一项非常重要的影响因素。聪明的创业者知道选择在最佳时机进入市场，也就是市场需求正要大幅成长之际，做好准备，等着接单。

5. 市场占有率。从创业机会预期可取得的市场占有率目标，可以显示这家新创公司未来的市场竞争力。一般而言，要成为市场的领导者，最少需要拥有 20％以上的市场占有率。如果低于 5％的市场占有率，这个新企业的市场竞争力不高，自然也会影响未来企业上市的价值。尤其处在具有赢家通吃特点的高科技产业，新企业必须拥有成为市场前几名的能力，才具有较高的投资价值。

6. 产品的成本结构。产品的成本结构可以反映新企业的前景是否宽广。例如，从物料与人工成本所占比重、变动成本与固定成本的比重以及经济规模大小，可以判断企业创造附加价值的幅度以及未来可能的获利空间。

（二）效益评估准则

1. 合理的税后净利。一般而言，具有吸引力的创业机会，至少需要能够创造 15％以上税后净利。如果创业预期的税后净利在 5％以下，那么这不是一个好的投资机会。

2. 达到损益平衡所需的时间。合理的损益平衡时间应该能在两年之内达到，如果三年还达不到，恐怕就不是一个值得投入的创业机会。不过有的创业机会确实需要经过比较长的耕耘时间，通过这些前期投入，创造进入障碍，保证后期的持续获利。在这种情况下，可以将前期投入视为一种投资，才能容忍较长的损益平衡时间。

3. 投资回报率。考虑到创业可能面临的各项风险，合理的投资回报率应该在 25％以上。一般而言，15％以下的投资回报率，是不值得考虑的创业机会。

4. 资金需求。资金需求量较低的创业机会，投资者一般会比较欢迎。事实上许多个案显示，资金额过高其实并不利于创业成功，有时还会带来稀释投资回报率的负面效果。通常知识密集型的创业机会，对资金的需求量较低，投资回报率反而会高。因此在创业开始的时候，不要募集太多资金，最好通过盈余积累的方式来创造资金。而比较低的资本额，将有利于提高每股盈余，并且还可以进一步提高未来上市的价格。

5. 毛利率。毛利率高的创业机会，相对风险较低，也比较容易取得损益平衡。反之，毛利率低的创业机会，风险则较高，遇到决策失误或市场产生较大变化的时候，企业很容易遭受损失。一般而言，理想的毛利率是 40％，当毛利率低于 20％的时候，这个创业机会就不值得再考虑。软件业的毛利率通常都很高，所以只要能找到足够的业务量，从事软件创业在财务上遭受严重损失的风险相对会比较低。

6. 策略性价值。能否创造新企业在市场上的策略性价值，也是一项重要的评价指标。一般而言，策略性价值与产业网络规模、利益机制、竞争程度密切相关，也与创新企业所采取的经营策略与经营模式密切相关。

7. 资本市场活力。当新企业处于一个具有高度活力的资本市场时，它的获利机会相对也比较高。不过资本市场的变化极大，在市场高点时投入，资金成本较低，筹资相对容易。但在资本市场低点时，投资新企业开发的诱因则较低，好的创业机会也相对较少。不过，对投资者而言，市场低点的成本较低，有的时候反而投资回报会更高。一般而言，新创企业在活跃的资本市场上比较容易创造增值效果，因此资本市场活力也是一项可以被用来评价创业机会的外部环境指标。

8. 退出机制与策略。创业投资退出机制是指创业投资机构在其所投资的创业企业发展相对成熟后，将所投的资金由股权形态转化为资金形态。与一般的产业投资和战略投资不同，创业投资既不是通过经营产品而获得产业利润，也不是为配合母公司的产品研发与发展战略而长期持有所投企业股权，而是以获得资本增值收益为目的。所有投资的目的都在于回收，因此退出机制与策略就成为一项评估创业机会的重要指标。企业的价值一般也要由具有客观鉴价能力的交易市场来决定，而这种交易机制的完善程度也会影响新企业退出机制的弹性。由于退出的难度普遍要高于进入，所以一个具有吸引力的创业机会，应该要为所有投资者考虑退出机制及退出的策略规划。

创业投资的退出机制一般分为四种形式，一是首次公开募股（IPO[①]）；二是出售（sale）；三是股票回购；四是破产清算。在创业投资过程中，投资者选择何种退出方式主要取决于市场环境以及自身的风险偏好：资本市场环境好、资本市场景气度高，则倾向于选择 IPO 退出方式；若资本市场不景气，则倾向于出售方式；若创业投资家风险承受能力低，则倾向回购方式。

四、对政策的评估

政府的创业政策是指激励创业者创业的政策，包括对创业活动和成长企业的规定、就业的规定、环境和安全的规定、企业组织形式的规定、税收的规定等。政府政策包括中央政府和地方政府的政策。我国政府在为创业提供的政策方面，与 GEM（全球经济监测）[②]其他成员相比有优势，也有劣势。

（一）创业要料得天时

美国前国务卿亨利·基辛格在《论中国》一书中对中国体制的独特性进行了历史的横向分析。他说，从中国改革开放到"新千年"的经济发展，最离不开的就是国家政策对经济的宏观引导。那么，对于我们每一个经济个体来说，创业机会的把控，首先就是要了解政策，理解经济发展方向与脉络，使之更好地服务于个人。

2014 年 9 月，李克强总理在夏季达沃斯论坛上，首次公开发出"大众创业，万众创新"的号召。他提出，要在 960 万平方公里土地上掀起"大众创业""草根创业"的新浪潮，形成

---

① 首次公开募股（Initial Public Offerings，简称 IPO），是指一家企业或公司（股份有限公司）第一次将它的股份向公众出售（首次公开发行，指股份公司首次向社会公众公开招股的发行方式）。

② GEM（Global Entrepreneurship Monitor，简称 GEM），世界各国经济金融数据，包括 M2、CPI、新兴市场债券指数、海关数据（进口、出口）、外汇、GDP、工业生产、LIBOR、新兴市场债券指数、名义有效汇率、实际有效汇率、官方汇率、股指、国际储备等。

"万众创新""人人创新"的新态势。此后，他在首届世界互联网大会、国务院常务会议和各种场合中频频阐释这一关键词。每到一地考察，他几乎都要与当地年轻的"创客"会面。他希望激发民族的创业精神。2015 年，李克强总理在政府工作报告中又提出"大众创业，万众创新"。政府工作报告中如此表述：推动大众创业，万众创新，"既可以扩大就业、增加居民收入，又有利于促进社会纵向流动和公平正义"。在论及创业创新文化时，强调"让人们在创造财富的过程中，更好地实现精神追求和自身价值"。

（二）创业要掌握地利

中国地方政府在制定政策时把新成立和成长型公司放在优先考虑的地位，但是中央政府没有表现出同样的导向。相对于其他 GEM 成员，中国初创企业的税务负担比较低，而且创业企业面对的税务和其他管制是相对稳定的。我国地方政府对新成立企业采取优先扶持政策，而且在税收方面也是明显优惠于其他国家的新创企业。但是，政府政策的劣势方面也很明显，一是政府通过直接扶持促进创业方面低于均值，对新公司的成长没有起到积极作用；二是新公司的审批成本高，对该项的评价值已经接近均值水平。因此，在政府直接扶持、中央政府政策制定和新企业审批效率等方面中国仍有一定差距。

（三）创业要志在人和

所谓创业志在人和，不仅仅意味着好的团队，更是综合实力的体现。最重要的是创业者对相关政策要认真解读，使之更好地服务于创业本身。对于政策法规的学习与运用，本书第五章、第十一章都有详细的解读，这里不再赘述。

五、对自我的评估

（一）你是否真的适合创业

一个人是否真的适合创业，首先要思考以下三个问题：你是否具有创意的洞察力（这是创业的基本）；你是否有能力将创意转化为产品；你是否有能力将这个产品变成一个公司。

想成为一名创业者吗？当你发现，你已经不能忍受一天不想创业这件事情，并且开始在这个想法上非理性地付诸大量的时间和资源时，这就是一个明显的标志——也许你应该离开现有的生活方式了。另外一个特征是创始人不小心将自己朋友的热情也点燃了，你的朋友听说了你的想法后，也开始无法停下思考，并且愿意和你一起做这件事。

如果在你身上出现了以上两个信号，也许你真应该考虑为这个想法做点事情了。

（二）创业者身上具备什么特质

创业者身上最闪光的点首先在于他追求不凡。这类人始终相信自己不是为了普通的结果而生，这也是在创业初始非常关键的一点。其次，创业者拥有独特的思考方式，即非黑即白。虽然这样的思考方式会带来较高的错误率，但是也会使人迅速地做出决策。这种速度有时候决定了一个初创企业所占市场的首要印象。另外，熊彼特（Schumpeter）的思考方式[①]也是不

---

① 熊彼特（Schumpeter）的思考方式：在熊彼特理论体系中，创造力是具有破坏性的。熊彼特认为创造性毁灭是创新的内涵和结果。创新一方面带来新的产品与服务，开创新的市场和产生新的价值；另一方面又取代旧有产品与服务，占领旧有市场和毁灭旧有价值。新旧交战，引发经济的周期性变化、金融危机和生产要素的重新分配。这种既创造又毁灭的现象，被熊彼特称之为"创造性毁灭"。一个产业，一个企业，以及产业之间和企业之间，同样可能存在具备创造性毁灭特征的创新活动，这些活动决定着产业和企业的兴衰存亡。

可小觑的，这种破坏力无论过程有多痛苦，创造性的破坏都值得去追求。

（三）创业者应具备的五大素质

1. 心理素质。所谓心理素质是指创业者的心理条件，包括自我意识、性格、气质、情感等心理构成要素。作为创业者，自我意识特征应为自信和自主；性格应刚强、坚持、果断和开朗；情感应更富有理性色彩。成功的创业者大多是不以物喜、不以己悲。

2. 身体素质。所谓身体素质是指身体健康、体力充沛、精力旺盛、思路敏捷。现代小企业的创业与经营是艰苦而复杂的，创业者工作繁忙、时间长、压力大，如果身体不好，必然力不从心，难以承受创业重任。

3. 知识素质。创业者的知识素质对创业起着举足轻重的作用。创业者要进行创造性思维，要做出正确决策，必须掌握广博知识，具有一专多能的知识结构。具体来说，创业者应该具有以下几方面的知识，一是做到用足、用活政策，依法行事，用法律维护自己的合法权益；二是了解科学的经营管理知识和方法，提高管理水平；三是掌握与本行业、本企业相关的科学技术知识，依靠科技进步增强竞争能力；四是具备市场经济方面的知识，如财务会计、市场营销、国际贸易、国际金融等。

4. 能力素质。创业者应具备的能力包括：创新能力、分析决策能力、预见能力、应变能力、用人能力、组织协调能力、社交能力、激励能力等。

当然，这并不是要求创业者必须完全具备这些素质才能去创业，但创业者本人要有不断提高自身素质的自觉性和实际行动。提高素质的途径，一靠学习，二靠改造。要想成为一个成功的创业者，就要做一个终身学习者和改造自我者。

哈佛大学拉克教授讲过这样一段话："创业对大多数人而言是一件极具诱惑的事情，同时也是一件极具挑战的事。不是人人都能成功，也并非想象中那么困难。但任何一个梦想成功的人，倘若他知道创业需要策划、技术及创意的观念，那么成功已离他不远了。"

5. 创业素质。

（1）必不可少的创业计划书。创业不是仅凭热情和梦想就能支撑起来的，因此在创业前期制定一份完整的、可执行的创业计划书应该是每位创业者必做的功课。通过调查和参考资料，要规划出项目的短期及长期经营模式，以及预估出能否赚钱、赚多少钱、何时赚钱、如何赚钱以及所需条件等。当然，以上分析必须建立在现实、有效的市场调查基础上，不能凭空想象、主观判断。根据计划书的分析，再制定出创业目标并将目标分解成各阶段的分目标，同时订出详细的工作步骤。

（2）周密的资金运作计划。周密的资金运作计划是保证"有粮吃"的重要步骤。在项目刚启动时，一定要做好三个月以上或到预测盈利期之前的资金准备。但启动项目后遇到不可避免的变化，则需适时调整资金运作计划。如果能懂得一些必要的财务知识，计划好收入和支出，始终使资金处于流动中而不出现"断链现象"，那么项目的初期就能为未来发展打好基础。

（3）不断强化创业能力与知识。俗话说"不打无准备之仗"，创业者要想成功，必须扎扎实实做好充分准备和知识的积累。除了合理的资金分配，创业者还必须懂得营销之道，比如，如何进货，如何打开产品的销路，消费者对产品的需求等，都要进行充分的调查研究。

这些知识的获取渠道可以是其他成功者的经验，也可以是书本理论知识。同时还要学会和各类人士打交道，如工商、税务、质检、银行等，这些部门都与企业的生存发展息息相关，要善于同他们交朋友，建立和谐的人际关系。

（4）培养一个执行力强，效率高的团队。无论做什么事情，都是需要由人来完成的。有了创业计划和创业能力及知识后，还需要组建一支执行力强、效率高的团队。团队是创业成功的基础。在哪能找到这样的团队呢？可以有网络和实地两种方式。网络找的优点是：只要在网上搜索一下找自己感兴趣的相关人就可以了，或者到专业的论坛里面找。比如，90后创业论坛、同城创业论坛等，不受空间限制；缺点是：不能很深入地了解你要找的团队伙伴。实地找的话，一般都是朋友或聚会上认识的，很容易了解彼此的性格、兴趣、爱好等。但受空间限制，也不太容易找到理想的团队。

（5）为自己营造一个好的氛围。由于缺少社会经验和商业经验，大学生创业总是显得"心有余而力不足"。不如给自己营造一个小的商业氛围，比如，加入行业协会，可以借此了解行业信息。学会借助各种资源结识行业伙伴，建立广泛合作，提升自己的行业能力。千方百计给自己营造一个好的商业氛围，这对创业者的起步十分重要。

（6）学会从"走"到"跑"。在创业的初期，受资金的限制，或许很多事都需要创业者本人亲自去做，不要认为这是"跌份"而叫苦。因为不管任何一个企业，从"走"到"跑"都是要经历一个过程的，只有明确目标不断行动，才能最终实现目标。同时在做事的过程中，要分清主次，抓住关键重要的事情先做。每天解决一件关键的事情，比做十件次要的事情会更有效。当企业立稳脚，并有了一定启动资金后，就应该建立一个团队。创业者应从自己亲历亲为，转变为发挥团队中每个人的作用，把合适的工作交给合适的人去做。一旦形成了一个高效稳定的团队，企业将会跨上一个台阶，进入一个相对稳定的发展阶段。

（7）营利是做企业最终的目标。做企业的最终目标就是营利，无论你的点子有多少，不能为企业营利就不具备商业价值。因此无论是制定可行性报告、工作计划，还是活动方案，都应该明确如何去营利。企业的营利来源于找准你的用户，了解你的最终客户是谁，他们有什么需求和想法，并尽量使之得到满足。

（8）在失败中学会成长。从创业成功案例中不难发现，创业者往往都有"见了南墙挖洞也要过去"的信心。从小就知道"失败是成功之母"这个真理的大学生创业者，又有多少人真正体会到其中的力量呢？如果创业失败了，你又应该怎样面对呢？充分地准备和不断地学习，就能够在很大程度上减少失败的概率。与此同时，调整方案，换个方式和方法继续前进，永远不要停止前进的脚步。经历过一个"死而复生"的过程，就能在未来的发展中脚步更加坚定。永远要记住一点：信心是企业迈向成功的阶梯。

思考题

1. 创业包含哪些类型？创业的一般过程指的是什么？
2. 创业机会的识别与评估需要关注哪些方面的问题？

第二章　创业团队

第一节　成员选择

创业能否成功不仅取决于你是谁，更取决于谁在帮助你。作为初始创业者来说，应该邀请哪些人加入团队，是与自己相似的人，还是与自己互补的人，这都是在创建过程中需要面对的问题。舒曼等认为，创业团队是由亲戚、朋友、原先的同事或同学组成的。[①]经研究发现，在大多数情况下，创业团队成员都是同事关系或家庭成员。那么，如何挑选合适的创业伙伴，组建一支优秀的创业团队，本小节将讨论这些方面的内容。

一、创业团队的定义

在现有的创业团队文献中，关于创业团队的概念存在着不同的定义，大多数学者对创业团队的关注主要集中在所有权、人员构成以及参与时间上。

卡姆、舒曼、西格和纽里克从所有权的角度，将创业团队定义为，两个或以上有共同的经济利益而最初建立公司的人。[②]库珀和达利对该创业团队定义中的"最初建立"和"共同的经济利益"提出了质疑。他们将创业团队定义得更为广泛，认为创业团队是两个或以上有明显的经济利益关系并共同发展企业的个体。[③]他们认为创业团队并不一定是最初建立公司的人，也不一定具有完全共同的经济利益，而是有相似的经济利益的人。克拉金和罗萨定义了两类创业团队，第一类创业团队是某个具备一定素质的创业者个体创建企业，而其他的团队成员接受作为从属管理的角色；第二类创业团队是由几个从事财富创造的成员组成，这些成员从事新观念的不同分支，并能够整合资源和相互协商。

国内学者对创业团队的概念进行界定的研究比较少，多是对国外的定义进行综述和分类，也有少量的在国外定义的基础上尝试着对创业团队提出自己的定义。汪良军从创业团队所有权的角度，将创业团队界定为在创业初期（包括企业成立前和成立早期），由一群才能互补、责任担当、愿为共同的创业目标而奋斗的人所组成的特殊群体。[④]即个体联合创建一个

---

① Kamm, Shuman, Seeger and Nuriek. Enterpreneurial teams in new venture creation: A research agenda. Enterprenership Theory and Practice, 1990.
② Kamm, Shuman, Seeger and Nuriek. Entrepreneurial teams in new venture creation: A research agenda. Entrepreneurship Theory and Practice, 1990
③ Cooper A C, Daily C M. Entrepreneurial Teams [A]. D L sexton, R W Smilor. Entrepreneurship[C]. 2000.
④ 汪良军. 创业团队理论研究[J]. 管理视角，2007.

企业，他们在新创企业中拥有各自的股份。汪良学在库珀和达利的创业团队定义的基础上指出，创业团队共享的投入或承诺可以理解为股份和财务利益。

综上所述，创业团队可以从两个层面进行理解，狭义的创业团队，是指有着共同目的、共享创业收益、共担创业风险经营新成立的营利性组织的一群人，他们提供一种新的产品或服务，为社会提供新增价值。广义的创业团队不仅包含狭义创业团队，还包括与创业过程有关的各种利益相关者，如风险投资商、供应商、专家咨询群体。一般来说，创业团队是指创业者在创业过程中组成的以开创新的局面、满足共同的价值追求为共同目的，甘愿共同承担创业风险和共享未来收益并紧密结合的正式或非正式的组织。

二、创业团队的重要性

（一）创业资源更丰富

创业所需要的知识、技术、资金和经验等创业资源是影响创业的重要因素。获取创业资源的难易程度直接影响创业绩效。没有足够的创业资源，创业者就不能做出高绩效的创业行为。

创业是一项高风险的活动。可以说，风险伴随着整个创业活动，创业团队时时刻刻面临着创业风险。面对这充满风险的创业环境，创业团队人多力量大，在新创企业成立的时候可以获得大量资金、技术和经验，抗风险能力大。若创业资源丰富，则有利于把握一些风险较大但收益较高的创业机会。

创业团队需要具备方方面面的能力以满足创业的需要。一般来说，技术、市场、生产和营销方面的技能是创业团队的必备技能。首先，创业团队需要掌握创业所需的专业技能，很多创业活动都是因为掌握了关键的新技术，能够为消费者提供新的商品和服务而得以创立的。其次，创业环境与市场信息瞬息万变，创业机会稍纵即逝，所以创业团队要善于发现创业机会并对之进行汇总评估，做出正确的创业决策。再次，创业的实现离不开生产和管理，这毋庸置疑。最后，创业提供的商品和服务最终要得到消费者的认可，因而必要的营销和销售技能也是不可小视的。

（二）信息搜集更全面

要做出创业决策必须搜集比较全面的信息。创业者之所以寻求团队合作，是因为要弥补创业目标与自身能力间的差距。团队成员只有相互间在知识、技能、经验等方面实现互补，才有可能通过相互协作发挥出"1+1＞2"的协同效应。创业团队的成员具备不同的专业技能，具有不同的工作背景，团队在创业时收集的信息就更全面。

"三个臭皮匠，顶个诸葛亮"，创业团队的组成结构会很大程度上影响团队的绩效和创业的绩效。库珀和达利认为，如果创业团队成员在知识和能力上互补，团队将实现高效。众多研究也表明，团队的异质性与公司绩效成正相关。创业团队在技能上的异质性来自成员的教育背景、行业、职业和工作背景这四个方面。

（三）创业决策可以避免个人冲动

创业团队的决策行为是创业团队在创业过程中做出一系列决策的行为。平等的决策行为模式使每个创业团队成员的意见均可能被参考，这类决策模式有利于不同角度的意见得到全面的考虑。

在获得全面决策信息的基础上做出的最终决策质量相对较高。一方面，由于决策的信息丰富，决策的客观性、科学性相对较高；另一方面，因为是平等的决策模式，所有团队成员均参与意见，所以决策容易被团队接受，决策的认可度较高，可以避免个人冲动。当然，因团队成员个性不同、兴趣不合、利益分配不均、经营理念发生冲突等原因，造成创业团队分裂的情况也有可能发生。

三、组建标准

创业团队成员的异质性和互补性，对于创业团队和新创企业取得高绩效具有十分重要的意义。创业团队的异质性分为外部的异质性和内部的异质性。外部异质性，是指那些容易观察和测量的人口统计学特征，包括年龄、性别、种族、经验、教育水平和职业背景等；内部异质性，是指那些不易被观察和判断的特征，是基于认知、价值观、偏好、风格、态度等不同而产生的成员之间的差别特征。创业团队的互补性指的是，由于创业者知识、能力、心理等特征和教育、家庭环境方面的差异，通过团队成员扬长避短，发挥各自优势，弥补彼此不足，形成的一个在知识、能力、性格和人际关系等方面全面具备的优秀团队。

（一）志趣相投

志趣相投，是指合伙人之间，彼此志向兴趣相同，理想信念契合。子曰："道不同，不相为谋。"的确，合伙人志趣相投对创业团队的成功至关重要。正如苹果电脑的联合创始人乔布斯所说的："如果每个人都想去旧金山，那么大家多花时间来一起争论选择哪条路前往是没有问题的。然而，若一个人想去旧金山，而另一个人背地里想去圣地亚哥，则这种争论就是在浪费时间。"

（二）能力互补

创业团队可能存在"冗余"问题，即他们的知识、技能、性格高度重叠，个人对组织的贡献雷同，很少能从个人处得到新的见解和资源，组织的发展潜力相对较小，这样的团效率较低。团队领导者要寻找那些与自己不一样的人，即与自己互补的人。他们可以有效地弥补自己知识和经历的不足。因为创业团队需要广博的知识、多样化的技能和丰富的经验，而这些远非一人或相同背景的"同质资源"所能为，需要寻找"异质性资源"。当一个团队成员所缺少的东西能由另一个成员补充时，团队的功能因此放大，也更能体现一加一大于二的整合功能。

（三）行为匹配

行为风格是指合伙人的行为方式——他们怎么思考、决策、沟通，怎样利用时间，怎样控制情绪应对紧张，怎样判断他人，怎样影响他人，怎样处理冲突等。为建立优秀的团队心智结构，创业团队需要具备多种不同行为风格的合伙人，并且这些行为风格互相匹配。

（四）信任尊重

在合伙关系中，相互信任和相互尊重是建立和谐人际关系必不可少的条件。孔子提倡人要做到"仁、义、礼、智、信"。这就是告诫合伙人做人的基本原则是自身修养好、懂得尊重别人、讲礼貌、讲诚信。懂得相互理解、相互体谅、相互信任，就是一种尊重。

只有在充满相互信任和相互尊重的团队氛围中，合伙人才能在创业的艰苦旅途中风雨同舟，相濡以沫，携手前行，坚定不移地为实现创业团队的愿景和目标而共同努力奋斗。例如，在一家移动医疗设备研发制造新企业里，有一个由四个人组成的创业团队，一个分管研发的合伙人向担任首席执行官的合伙人提交了一份关于研发一款面向某个细分市场的全球最新移动医疗设备的建议书，首席执行官因不相信这个合伙人有能力带领他的研发团队在短时间内完成这个任务而没有批准这个建议书。可是，一年后这个企业的竞争对手研发的一款同类设备取得了非凡的技术优势和市场收益，这家新企业非常遗憾地错失了一个非常好的市场机会。这个例子说明了创业团队合伙人相互信任和相互尊重对新企业创业成功的重要性。

四、组建原则

创业团队成员的异质性和互补性，对于创业团队和新创企业取得高绩效具有十分重要的意义。一般说来，组建一支高效的创业团队需要满足以下几个原则。

（一）目标明确合理原则

明确的目标使团队的任务方向明确，避免迷失方向或者大家目标不一致。合理的目标是经过人家的努力协作可以达成的目标。公司在创业初期定的目标过高，容易使团队失去信心；目标定的过低，容易丧失团队的斗志与激情。制定合理的目标是具有艺术性的一项工作。

（二）计划实际可行原则

计划可行要求责任落实到个人，计划落实到具体细节，要有明确的时间限制、可支配资源、明确的控制指标及改进的措施。

（三）人员互补匹配原则

在知识、技能和经验等方面具有互补性质的人员组成的团队能更高效地完成任务，除此以外，在个人特征和动机方面最好是寻求相互匹配、相似性高的团队成员，可以保证团队成员朝着共同的目标奋斗，促进团队内部形成良好的团队氛围。

（四）分工、职责明晰原则

创业工作的复杂性以及个人能力决定了一个人不可能从事创业的所有工作，而应该根据成员的特点进行分工，扬长避短。分工明晰的最佳状态是所有工作都有人做，成员间的工作不重复，所有工作都由最佳人选做。职责明晰要求每个成员明确自己的职权范围以及承担的工作责任。不仅如此，每个成员在责、权、利方面的信息都应该成为公共知识，这样有助于降低交易成本，提高组织效率。

（五）团队动态调整原则

没有一个企业的团队创建之后就固守已有的规模而人员不变动。"路遥知马力，日久见人心"，创业过程中往往存在某些团队成员不适合团队文化，达不到标准的成员可能会使整个团队人心涣散；另外，一些成员在创业过程中因为自身原因而退出，所以要做好团队成员动态调整的准备，适时引进更合适的人才加入团队。

五、组建程序

创业团队的组建是一个相当复杂的过程，不同类型的创业项目需要的团队不一样，创建步骤也不完全相同。企业组建创业团队主要从以下几个方面入手。

（一）明确创业目标

创业团队成员志趣相投，理想信念契合对创业成功至关重要。创业团队的总目标就是要通过完成创业阶段的技术、市场、规划、组织、管理等各项工作，实现企业从无到有，从起步到成熟。总目标确定之后，为了推动团队实现目标，再将总目标加以分解，设定若干可行的、阶段性的子目标。

（二）制定创业计划

在制定了总目标及一个个阶段性子目标之后，紧接着就要研究如何实现这些目标，需要制定周密的创业计划。创业计划是在对创业目标进行具体分解的基础上，以团队为整体来考虑的计划。创业计划确定了在不同的创业阶段需要完成的阶段性任务，通过逐步实现这些阶段性目标来最终实现创业目标。

（三）招募合适的人员

招募合适的人员也是创业团队组建最关键的一步。关于创业团队成员的招募，主要应考虑两个方面：一是互补性，即能否与其他成员在能力或技术上形成互补。这种互补性的形成，有助于强化团队成员间的彼此合作，也能保证整个团队的战斗力，更好地发挥团队的作用。一般而言，创业团队至少需要管理、技术和营销三个方面的人才，只有这三个方面的人才形成良好的沟通协作关系后，创业团队才可能实现稳定高效。二是适度规模，适度的团队规模是保证团队高效运转的重要条件。团队成员太少则无法实现团队的功能和优势，而过多又可能会产生交流的障碍，团队很可能会分裂成许多较小的团体，进而大大削弱团队的凝聚力。

（四）职权划分

为保证团队成员之间顺利开展各项工作，实现创业计划，必须预先在团队内部进行职权划分。创业团队的职权划分就是根据创业计划的需要，具体确定每个团队成员所要担负的职责，以及享有的相应权限。团队成员间职权的划分必须明确，既要避免职权的重叠和交叉，也要避免因无人承担造成工作上的疏漏。

（五）构建制度体系

创业团队制度体系体现了创业团队对成员的控制和激励能力，主要包括了团队的各种约束制度和激励制度。一方面，创业团队通过各种约束制度（主要包括纪律条例、组织条例、财务条例、保密条例等），指导成员避免做出不利于团队发展的行为，实现对成员行为的有效约束，保证团队的稳定秩序；另一方面，创业团队要实现高效运作需要有效的激励机制（主要包括利益分配方案、奖惩制度、考核标准、激励措施等），使团队成员看到随着创业目标的实现，自身利益将会得到怎样的改变，从而达到充分调动成员的积极性、最大限度发挥团队成员作用的目的。要实现有效的激励首先必须把成员的收益模式界定清楚，尤其是关于股权、奖惩等与团队成员利益密切相关的事宜。需要注意的是，创业团队的制度体系应以规范化的书面形式确定下来，以免带来不必要的混乱。

（六）团队的调整融合

完美组合的创业团队并非创业一开始就能建立起来，很多是在企业创立一定时间后，随着企业的发展逐步形成的。随着团队的运作，团队组建时在人员匹配、制度设计、职权划分等方面的不合理之处会逐渐显现出来，这时就需要对团队进行调整。由于问题的暴露需要一个过程，因此，团队调整与融合也应是一个动态持续的过程。

第二节　团队管理

创业团队的优质运作离不开良好的团队管理。就创业团队而言，如何管理好一支创业团队，离不开优秀的领导者，更离不开合理的激励方式、适当的冲突管理模式等，本节将讨论这方面的问题。

一、创业者的领导才能

卓越的创业团队必然有一个突出的核心管理者，他在团队的日常管理活动中起着举足轻重的作用。尤其在创业前期，企业还没有完全正规化，或者由于各方面的限制，人员配置不够，团队的人心也不可避免地浮动。面对遇到的各种困难，领导者要激发团队的热情和创造力，维持团队的稳定，领导人的独特魅力会促进团队成员之间的协作，并为了共同目标而努力前进。同时，优秀的核心创业者要善于领导创业团队根据独特的创业心理来发展愿景，并引领团队的凝聚力和合作精神，不断追求并朝着愿景努力。创业团队应树立核心创业者的核心意识，协调核心创业者所有的核心作用和团队凝聚作用，使整个团队团结在一起，合作无间。

创业型领导需要完成两项相互关联的挑战工作，即愿景设定和角色创建。在愿景设定中，创业型领导主要发挥创设挑战、肩负责任和清除障碍三大作用。创设挑战，是指创业型领导为创业团队设定具有挑战性但经过持续努力可以实现的目标，以此推动整个团队将自身能力发挥到极致。这项工作旨在发现和创造一个值得锲而不舍地追求的愿景。肩负责任，是指创业型领导勇于承担未来创业失败的责任，以此帮助下属为完成创业愿景而自信地努力奋斗。清除障碍，是指创业型领导预见并清除来自企业内外的阻力和障碍，以此获得创业所需的关键资源和信息。

在角色创建中，创业型领导主要发挥两大作用，即建立承诺和明晰界限。建立承诺，是指创业型领导运用团队建设技能激发和塑造一个能够高度承诺且实现创业愿景的团队。明晰界限，是指创业型领导通过清除团队成员自我强加能力局限的想法，重塑团队成员个人对自我能力的知觉，以坚守创业承诺。总之，创业型领导是组织开展战略性创业、获取竞争优势并持续创造价值的基石。创业型领导本质上是面对快速动态变革的竞争环境，通过愿景设定和角色创建两项关键任务承诺于发现和实现具有战略价值创造的创业机会的一种领导行为和过程。

二、创业团队冲突管理

创业团队的成员在创业过程中不可能不发生矛盾，但总的来说，冲突可以分成认知冲突和情感冲突两种。

认知冲突，是指团队成员对有关企业生产经营过程中出现的问题，因意见、观点和看法不同所形成的不一致性。一般而言，认知冲突对事不对人。一个有效的团队，在生产经营管理过程中存在分歧属于正常现象，且这种认知冲突将有助于改善团队决策质量和提高组织绩效，对形成高质量的方案起着关键性的作用。对于创业团队而言更是如此，只有不断地创造和引导认知性冲突，在思想的碰撞中产生智慧的火花，新企业才能在创新中不断地发展和壮大。

与此相反，情感冲突则容易在团队成员之间挑起敌对、不信任、冷嘲热讽和冷漠等局面，而情感上的抵触会极大地降低团队的有效性和工作效率。情感性冲突会阻止人们参与影响团队有效性的关键性活动，团队成员普遍地不愿意就问题背后的假设进行探讨，从而降低了团队绩效。

在创业中，发生冲突几乎是必然的。发生冲突的原因很多，如员工个性差异、信息沟通不畅、利益分配不均、个人价值观与企业价值观不协调等。过多的冲突会破坏组织功能，过少的冲突则使组织僵化，而不同的冲突对于企业的发展影响也会不同。研究表明，在创业企业中，适当的认知性冲突对企业绩效会产生正面的影响；而情感性冲突大多数会产生负面的影响，因此有必要对之进行科学有效的管理。

创业冲突往往发生于合伙人之间意见不合和处于对峙状态的时候。创业冲突是不可避免的，因为全部合伙人对事物的意见不可能完全一致。一个创业团队如何处理冲突决定了这个团队能否成功创业。

所有的人际关系都依赖于心理契约。心理契约是人际关系各方面之间隐含的不成文的相互期望。作为一个合伙人，你对创业团队做出多大的贡献以及创业团队将提供给你多少报酬，你会有一系列的心理期望。合伙人心理契约的破坏通常归结于两个原因：第一，不清楚自己的期望，也不清楚对方的期望；第二，推测对方的期望与自己的期望是相同的。

创业冲突按照产生的后果，可分为障碍性冲突和建设性冲突。障碍性冲突，是指阻碍了创业愿景和目标实现的冲突；建设性冲突，是指创业愿景和目标一致，而实现创业愿景和目标的途径与手段不同的冲突。建设性地解决创业团队的冲突是创业型领导的一项重要技能。因此，本节不讨论创业冲突的积极性和消极性，而是重点讨论如何管理创业冲突，以有效实现创业愿景和目标。

三、团队股权分配机制

股权分配是创业团队管理的核心问题，因为股权分配的机制不仅决定了创业团队成员间利益分配的方式，在很大程度上更决定了创业企业的资源配置。公平、有效的股权分配机制有助于提高创业团队的稳定性和凝聚力，在长期内维持创业企业的稳定成长。创业企业做股权分配方案时，应遵循以下五个基本原则。

1. 有利于企业整体发展原则。创业企业的股权分配应该有利于团结大多数人共同促进企业的成长，只有在企业成长并获得收益的基础上，股权分配才具有实际意义。

2. 有利于企业资源配置原则。创业企业的股权结构背后反映的是创业企业生存发展可以对接的各种资源，诸如团队、技术、资本、渠道等。因此，创业企业的股权分配应有利于企业发展所需的各种资源。

3. 按贡献估值原则。在确定股权分配时，创始人在创业项目中的贡献按照市场价值估值，然后算出所有创始人贡献的总估值，折算各个创始人贡献估值占总估值的比例，就是创始人应该持有的股权比例。

4. 保持对企业的控制权原则。创业团队控制权分配主要包括两方面，即创业团队与外部资本控制权的分配、创始团队内部控制权的分配。创业企业为了对接利用外部资源，创业团队的股权必然会持续被摊薄。这种情况下，创业企业还可以通过投票权委托、一致行动人与牛卡计划等实现控制权。

需要说明的是，创业团队对企业的控制权是相对控制权，不是绝对控制权。一方面，创始团队应对公司的具体经营管理有控制权；另一方面，应该通过赋予外部股东对少数特定重大事项（主要指企业股权变更相关重大经济事项）的一票否决，以保护投资人作为小股东的权利，实现创始团队与投资人之间权力的监督制衡。

5. 设定股权兑现制度原则。当创业团队成员离职时，如果继续保留其股权，则会造成对团队利益分配的不公平。因此，对创始股东的股权设定股权兑现与离职时股权的回购制度很有必要。

四、创业团队的激励

激励是人们朝某一特定方向或目标而行动的倾向，这种倾向来自人们所感知的内在驱动力和紧张状态。激励就是激励人的积极性和主动性，最终达到提升个人绩效和组织绩效的目的；个人绩效提升了，就会获得新的更大的激励。

在考虑创业团队激励和制定相应的报酬时，需要对各团队成员的贡献大小进行衡量。而各成员的贡献在性质、程度和时机上都会因人而异，故在进行绩效评价时可以重点考虑以下几个方面：

1. 创业思路。创业思路提出者的贡献应当予以充分考虑，尤其是提供对原型产品或服务极为重要的商业机密、特定技术，或是对产品、市场进行调研的当事者。

2. 商业计划准备。制定一份优秀的商业计划往往需要花费很多的时间、资金和精力，因此，商业计划书制定者的贡献也应当被适当考虑。

3. 敬业精神和风险。一个把大部分个人资产投入企业的团队成员，不仅会在企业失败时承担巨大的风险，还将牺牲个人利益、投入大量的时间和精力并接受较低的报酬，因此，应当充分考虑员工的敬业精神和所承担的风险。

4. 工作技能、经验、业绩或社会关系。团队成员可能为企业带来工作技能、经验、良好的工作记录，或是在营销、金融和技术等方面的社会关系，如果这些对于新创企业而言是至关重要的且是来之不易的，那么就必须予以考虑。

5. 岗位职责。团队成员在不同的岗位上为企业做贡献，而岗位所需技能和工作强度各不相同，应该考虑为不同的岗位分配不同的权重。

在衡量每一位团队成员的贡献率时，需要充分考虑上面列举的各项因素，团队成员不仅要自己协商，达成对各项贡献价值的一些意见，而且还应该保持充分的灵活性，以适应今后的变化。

五、创业团队的生命周期管理

创业团队犹如一个有机的生命体，有生命的开始，自然也会有生命的结束。创业团队的发展大致会经历成立期、磨合期、稳定期、高效期和衰退期五个阶段。在创业团队创立初期，团队成员之间比较陌生，可以定期举办成员交流会，增进相互了解。在磨合期，较易出现认知性和情感性冲突，团队领导要在团队中快速树立起自己的威信，以排解冲突，遇到事情需及时沟通和反馈，尽量将成员引导到同一个步调上。在稳定期，容易丧失创新动力，此时需要的是稳中求进。当团队发展到高效期时，团队成员之间就能够积极地、有创造性地工作，此时团队领导者应注意引导团队的发展，让团队价值和成员个人的价值完美结合。衰退期应更加注重团队利益的协调。

思考题

1. 为什么创业团队对创业成功作用举足轻重？
2. 如何组建一支优秀的创业团队？
3. 怎样加强创业团队的管理？

第三章　新创企业商业模式

在市场竞争日益激烈的今天，商业模式成为企业创新发展的重要环节。现代管理学之父彼得·德鲁克说过："当今企业之间的竞争，不是产品之间的竞争，而是商业模式之间的竞争。"日本日产汽车公司首席执行官（CEO）戈恩·卡洛斯这样看待企业的盈利模式："这是一个盈利至上的时代，在这个时代里，谁能持续获得比同行更高的利润，谁就是真正的赢者，所以我们需要一个有效的盈利模式，让我们的希望变成现实。"商业模式是企业存在的一种形态，是企业发展的核心影响因素之一。任何企业都有自己的商业模式。[1]企业的可持续发展离不开可行的商业模式，对于企业而言，好的商业模式是企业成功的保障。

第一节　新创企业商业模式概述

一、商业模式的含义

（一）商业模式的产生与发展

作为当前企业管理研究热点的商业模式，发展的历史并不久远。从发展的脉络来看，商业模式的提出与发展大致可划分为三个阶段。

首先是商业模式概念的提出阶段。商业模式一词最早出现于 1947 年，朗（Lang）在《市场营销》（*Journal of Marketing*）发表了一篇文章，在文中他指出，商业模式对市场发展具有一定的影响。随后，商业模式一词逐渐被其他学者所提及。1957 年，贝尔曼（Bellman）在《管理科学与运筹学》（*Operations Research*）发表的文章中再次提到了商业模式一词。此时的商业模式仅作为一个新的名称出现，并未受到重视。直到琼斯（Jones）在 1960 年的《会计评论》（The *Accouting Review*）上发表了一篇文章（*Educators, Eletctrons and Business Models: A Problem in Synthesis*），该文第一次将商业模式作为正式标题出现，表现了对商业模式的重视。自此之后，商业模式一词开始大量出现在的文献中，尤其是有关计算机系统的著作中，信息条件、计算机技术或计算需求被要求建立在相应的"商业模式"上。但是，在这些著作中并没有详细地解释什么是商业模式，此时学者的商业模式仍然是一个比较模糊的概念。尽

---

① 成文，王迎军，高嘉勇，张敬伟. 商业模式理论演化述评[J]. 管理科学，2014.

管如此，商业模式一词的提出仍然为管理学的发展打开了新的研究角度。

其次是商业模式概念的发展阶段（1996 年至 2005 年间）。商业模式概念的发展阶段又可以细分为两个不同的阶段。一是对商业模式含义的描述阶段。此时随着电子商务的出现和互联网的兴起，学者们对于电子商务和互联网发展的理论研究逐渐增多。此时的商业模式主要是用来描述电子商务的经营方式，尤其是用来描述其如何盈利的方式。二是商业模式概念的定义阶段。随着经济的不断发展，市场竞争日益激烈，企业在发展过程中对商业模式的巨大需求受到了企业家和学者的关注。对此，谢弗等学者（Shafer S M, Smith H J, Linder J C）在《商业视界期刊》上发表了《商业模式的影响力》一文，着重指出了商业模式在商业发展中发挥的重要作用，并对商业模式的概念进行了描述性的定义。与此同时，关于商业模式的研究不断增加，学术界开始探讨对于商业模式一词的具体定义，并对其构成要素进行解析。

最后是对商业模式的内在进行逻辑分析阶段。随着互联网的不断发展，整个社会的商业格局发生了巨大变化。技术的发展导致企业在发展过程中对于"商业模式"的迫切需求，对商业模式的内在结构进行分析成为该阶段研究的重点。此时的商业模式着重研究模式的构成结构、要素之间的相互关系以及如何进行商业模式的创新等问题。

从商业模式的发展脉络上来看，尽管商业模式的发展时间较短，但是在近五六十年的时间里，商业模式的发展十分迅速。自人们认识到商业模式对于企业发展的重要影响力之后，商业模式在企业发展中的重要性日益增强，而且企业家和学者们正不断地努力探索新的商业模式。

（二）商业模式的定义

学习商业模式首先要了解商业模式究竟是什么？商业模式是管理学的重要研究对象之一。对于商业模式的概念，不同学者研究的角度不同，目前尚未形成统一的观点。一般来说，对于商业模式概念的理解主要有以下几种，如表 3-1 所示。

表 3-1 商业模式的定义

研究角度	定义	相关学者的观点
基于运营的商业模式定义	所谓运营模式，是指企业在创造和传递价值过程中的各种业务流程及组织设计，以及企业对其他商业活动参与者关系的管理。侧重运营模式的商业模式，关注企业的价值创造和价值传递活动以及相应的支撑系统，并把企业的价值活动放在社会价值网络来审视，强调企业嵌入商业生态系统的方式	法国学者克里斯多夫·左特认为，商业模式是对公司、供应商、候补者和客户之间交易运作方式的描述，强调能使交易得以顺利进行的产品、资源、参与者结构以及交易机制 有些学者把商业模式定义为对企业如何运转的描述和归纳，还有一些学者则认为，商业模式的构成要素包括组织形式、商业流程、公司管理、价值流、资源系统等
基于系统论的商业模式定义	商业模式是一个由多因素构成的系统，是一个体系或集合，是多角度的整合和协同	博西迪等指出，商业模式应是系统全面分析企业的理论工具 左特等认为，应强调在系统层面用整体的方式来解释企业如何开展业务的问题，即把商业模式看作运营模式、盈利模式或战略定位等要素的有机组合

研究角度	定义	相关学者的观点
基于盈利的商业模式定义	商业模式表现为企业的盈利模式，它描述了企业通过何种途径盈利，这种观点侧重于对企业运营过程中利润点的发掘	斯图尔特（Stewart）等指出，商业模式是企业获得并保持收益流的逻辑总结，也有人把商业模式定义为企业价值流、收益流和物流的组合 有学者认为，商业模式是企业为顾客创造比竞争对手更多的价值以赚取利润的方法 会津（Huizingh）指出，商业模式是企业构造成本和收入流的方式，成本和收入流决定着企业的生存与发展 还有一些学者认为，商业模式应包括定价模式、收入模式、成本结构、最优产量等构成要素
基于战略定位的商业模式定义	该类商业模式的定义侧重对企业战略定位的考量	波特认为，企业战略的核心是定位，企业的定位有基于种类、基于需求、基于接触途径三种。企业就是要寻找到一种独特且有利的定位，从而设计一套与之相适应的与众不同的运营活动，企业定位的本质就是企业的价值主张，即企业用什么样的产品或服务为哪些顾客提供什么样的价值 米切尔（Michael Rappa）认为，应把价值主张当作商业模式的一个重要组成要素 切萨布鲁夫（Chesbrough）也指出，商业模式应该向目标顾客表明价值主张，这是技术商业化必须解决的问题

资料来源：根据成文、王迎军、高嘉勇、张敬伟的《商业模式理论演化述评》整理。

由于研究的角度不同，学术界对于商业模式的概念众说纷纭。奥斯特沃德（Osterwalder）和图斯（Tucci）在2005年发表的《厘清商业模式：这个概念的起源、现状和未来》中提出的关于商业模式的定义被广为接受。他们认为，商业模式是一种包含了一系列要素及其关系的概念性的工具，用以阐明某个特定实体的商业逻辑。它描述了公司能为客户提供的价值和公司的内部结构、合作伙伴网络和关系资本等，用以实现（创造、营销和交付）这一价值并产生可持续、可营利性收入的要素。这个概念描述了企业在为获得可持续性发展的过程中，如何将企业内部的各个要素有效地结合起来，从而形成一个完整的高效运转的整体。一个企业的商业模式通过一系列要素的有效组合回答了企业发展过程中的四个基本的问题：一是企业的目标客户是谁，谁会购买它所生产的产品或提供的服务？这就涉及企业的目标客户的定位；二是企业究竟生产什么产品或是提供什么服务？这就涉及企业在发展过程中究竟进入哪一个行业和领域；三是企业所生产的产品或服务应该怎样卖给消费者；四是企业所生产的产品或服务的价值转换成客户价值之后，是否能够帮助企业实现盈利？如果能实现，这种盈利模式是否具有可持续性和不可模仿性。企业要在激烈的市场竞争中获取竞争优势，其商业模式必须回答这几个基本的问题。西班牙知名品牌ZARA（飒拉）在发展的过程中就很好地回答了这几个问题。问题一，卖给谁？卖给时尚年轻人，但不是奢侈品；问题二，卖什么？卖最新款、最时尚的服装；问题三，如何卖？平民时尚概念，尽管服装的品质不是一流，但是其款式更新换代快；问题四，如何持续盈利？建立时尚信息及快速物流的渠道，保证企业的持续盈利。对商业模式的概念的理解有助于形成对商业模式的整体认识，从而在企业发展过程中辨别其商业模式，或是在创业的过程中通过构建企业的商业模式，使企业在激烈的市场竞争中获得优势地位。

二、商业模式的特征

经过多年的研究和发展，企业现有的商业模式发生了重大的变化，在不同的时期商业模式表现出了不同的形式。商业模式的发展形态和企业发展过程中所处的社会环境、商业环境息息相关。比如，在计划经济时期，我国企业发展的商业模式呈现出比较单一的形态；而在改革开放后，我国的社会经济发生了巨大的变化，整个社会的商业气息日益浓厚，此时企业发展的商业模式开始发生了改变。各种不同形态的商业模式层出不穷，极大地促进了社会经济的发展，尤其是互联网技术的日渐成熟推动了电子商务的发展，也极大地改变了社会整体的商业模式。B2C、B2B、O2O 等各种各样的商业模式百花齐放，但是，不论什么形式的商业模式都有以下三个基本特征：

第一，商业模式是一个整体的、系统的概念，由不同的要素组合而成，形成一个整体，如收入模式（广告收入、注册费、服务费）、向客户提供的价值（在价格上竞争、在质量上竞争）、组织架构（自成体系的业务单元、整合的网络能力）等，这些都是商业模式的重要组成部分，但并非全部。

第二，商业模式的各个组成要素之间存在紧密的内在联系。商业模式的各个要素之间互相支持，共同作用，形成一个良性循环。

第三，商业模式不是一成不变的。一个企业的商业模式会随着企业所处环境的变化而进行调整或变革。在创业初期，商业模式会随着企业的发展和与合作伙伴的关系变化、核心业务的变化、核心资源的变化等而产生改变。比如，成立于 1978 年的广州格兰仕集团有限公司，创业初期仅是一个拥有 7 人的手工小作坊，其商业模式较为简单。随着格兰仕的不断发展壮大，它开始进行贴牌生产以拓展国外市场；随着国外市场的打开，格兰仕进一步转变商业模式——开始进行独立的技术研发和品牌建设。现在的格兰仕已经发展成为全球知名的白色家电品牌企业，形成了新的商业模式。因此，企业在发展的过程中需根据自身的实际需要不断地进行商业模式的更新。

三、商业模式的构成

由于规模、所处行业、所处地区、组织形式等诸多因素，不同的企业在发展的过程中会形成不同的商业模式，即使是同地区、同类型的企业，商业模式也会有所差别，可谓是，有一万家企业就有一万种商业模式。有些企业的商业模式是自然形成的，比如传统的农业贸易模式；有些企业的商业模式则是经过精心打造的，比如国内目前很火的直播、网剧、滴滴打车等。但不管是有意还是无意，这些企业无一例外地都拥有自己的商业模式。那么，商业模式究竟是由哪些要素构成的呢？2004 年奥斯特沃德（Osterwalder）在《商业模式本体认知——基于科学实证研究》一文中提出了九要素模型，即核心能力、资源配置、价值主张、分销渠道、目标顾客、伙伴关系、客户关系、成本结构和盈利模式，并从这九个方面对商业模式进行解析。随后，他又对这九个要素进行了新的表述，从客户细分、价值主张、渠道通路、客户关系、收入来源、核心能力、成本结构、关键业务、重要合作对商业模式进行了重新阐述，如图3-1所示。

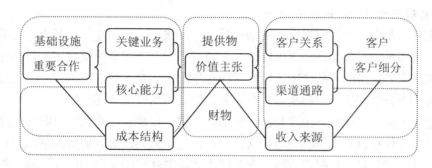

图 3-1　商业模式的九要素模型

资料来源：亚历山大·奥斯特沃德，伊夫·皮尼厄. 商业模式新生代[M]. 北京：机械工业出版社，2011.

他认为，这九个要素之间存在着紧密的联系，各个要素之间相互影响、互相作用，从而形成商业模式的整体。这九个要素主要有以下几个作用：

第一，能够帮助企业了解如何通过细分客户确定目标客户群。企业在发展过程中必然会面对一定的客户群，如何确定客户群是企业发展的重要问题之一，有效精准地选对目标客户群有利于更好地定位企业的发展领域，从而避免其在发展过程中的盲目性。

第二，有利于帮助企业确定生产或服务领域，即为目标客户群提供什么样的产品或服务才能抓住市场。比如，饿了么软件为客户提供的是网络餐饮安全服务，这是其关键业务，此项服务正好贴合了市场的需求。

第三，解释了创造或生产企业的产和服务所需要的资源与能力有哪些。这是将企业的发展战略转化为实际生产力的核心问题。商业模式在设计或改革的过程中会着重分析该问题，使企业充分了解发展项目的可行性。

第四，商业模式中的分销渠道解释了如何将企业的产品或服务传递给目标客户。销售渠道的建立是保证企业市场营销成功的关键之一。作为运动品牌的领导者阿迪达斯和耐克每年会拿出年销售总额的3%—5%作为广告投入，从而使消费者更好地认识和了解该品牌，它们建立的是厂家—区域代理商—小代理商—店铺—消费者的渠道模式。而安利作为直销企业的典型案例，厂家—消费者的渠道模式更为直接。企业在发展过程中会根据实际需要建立分销渠道。

第五，帮助企业确定如何获取产品或服务的成本，以及如何使产品或服务产生实际的收益。企业在发展过程中不可避免地存在一定的成本消耗，比如，原材料、工资、办公设备等，商业模式则考虑了企业在生产经营过程中如何通过各种途径获取其成本来源。另外，商业模式也重点关注了使企业能够获得可持续发展的收益来源问题，解释了如何使企业价值在转化为客户价值的过程中企业能够获取足够的收益。

这些问题都是商业模式中需要解决的问题，也是企业在发展过程中必须解决的问题。如果一个企业的商业模式能够较好地解决这些问题，那么该企业的商业模式就是一个成功的商业模式。

　　解决这些问题需要对商业模式的九要素有着清晰的认识。下面分别对这九个要素进行详细的说明。

（一）客户细分（Customer Segments）

　　客户细分，是指企业根据自身发展战略的需要，根据客户的属性、行为、需求、偏好及价值等因素对客户进行分类，并提供有针对性的产品、服务和销售模式。客户细分的目的是确定企业或商家所提供的产品或服务所针对的对象，他们是企业产品或服务的直接购买者或使用者。客户细分要解决的问题是，企业准备向哪些市场区间传递价值。只有确定了目标客户，企业才能够进一步地开展生产和营销活动。比如，肯德基在中国发展时将其产品和服务所针对的对象定位在以青少年和年轻男女为中心，这是与其产品和服务的特性紧密相关的。作为快餐食品，尤其是洋快餐，肯德基在我国中老年群体中的接受程度并不高。相反，青少年群体则对新事物的接受能力较强，且喜爱新鲜事物。肯德基的快餐文化符合青少年群体和年轻男女的生活节奏，因而将其目标群体定位在这一范围。又如，广东乐心医疗电子股份有限公司将目标客户定位在对个人健康问题较为关注的群体，远程血压计、智能蓝牙健康秤、运动智能手环、儿童身高测量仪等产品主要为这类群体提供健康管理和监督功能。

（二）价值主张（Value Proposition）

　　价值主张，是指企业为消费者所提供的产品或服务如何为客户产生价值。这是消费者在激烈的市场竞争中选择该企业的根本原因。正如钱伯斯（思科总裁）所指出的那样，"消费者不会关心他用的是什么技术上网，他们关心的是有什么新的服务模式，让他们能跟别人合作，提高效率"。价值主张是企业吸引消费者的关键所在。例如，广东乐心医疗电子股份有限公司产品的核心价值在于为客户的身体健康提供服务，健康是其价值主张。当然不同行业的价值主张会有很大的差异。又如，电视剧《花千骨》的出品方慈文传媒通过文学作品—电视剧—网络游戏—周边产品的泛娱乐产业模式为观众带来全新的娱乐享受，这是其价值主张。价值主张通过为特定客户提供的富含价值的产品或服务而获取消费者的认可。

（三）核心能力（CoreCapabilities）

　　核心能力，是企业实现其商业模式所需要的关键性的能力和资源，是企业在激烈的市场竞争中如何超越其他对手，获取市场竞争中的优势地位的能力。这种能力具有难以模仿性和可持续性，可为企业带来长期竞争优势和超额利润。因此，核心能力自 1990 年由哈默尔和普拉哈拉德在《哈佛商业评论》发表的《企业核心能力》一文中提出来之后，受到了企业家和管理学者的广泛关注。

（四）关键业务（Key Activities）

　　关键业务，也被称为是企业内部的价值链，主要用于安排企业的业务流程，确定对企业发展具有较大影响力的关键业务。以淘宝网为例，作为中国最大的网购零售平台，拥有超过 5 亿的注册用户数，每天有超过 6000 万的固定访客，年交易额过千亿元。对淘宝网来说，最主要的业务就是开发维护其平台，维持网页的正常运转是其运营的根本。

（五）渠道通路（Channels）

　　渠道通路即分销渠道。肯迪夫和斯蒂尔认为，分销渠道是指"当产品从生产者向最后消费者或产业用户移动时，直接或间接转移所有权所经过的途径"，即企业所生产的产品是通过什么样的方式抵达消费者手中。根据有无中间商参与交易活动，分销渠道可分为直接分销渠道和间接分销渠道。

（六）客户关系（Customer Relationships）

客户关系即企业为扩展市场，达到经营目标，主动与客户建立起来的某种联系。最初的客户关系仅指企业与客户之间的交易关系。随着商业的不断发展，尤其是市场竞争的日益激烈，现在企业的客户关系变得越来越多元化，也可指企业与潜在客户之间的关系。这种关系具有多样化、差异性、竞争性、双赢性的特征，能够帮助企业深入地了解客户的需求，对于企业的产品研发、市场推广等都具有积极的意义。因而，现在的企业都非常重视客户关系的管理。

（七）重要合作（Key Partnerships）

重要合作，是指企业在发展过程中与其他企业形成的能为企业发展提供有效价值的合作关系网络。从产业链上来看，客户处于企业产业链的下游，而重要合作伙伴关系主要是指企业和产业链中上游的其他企业的关系，为有效地创造价值并将其商业化而形成的合作关系网络，包括上下游伙伴、竞争/互补关系、联盟/非联盟等形式。这种关系网络形成了企业商业圈的范围。2015 年 8 月 10 日，同为电商行业巨头的苏宁和阿里宣布达成全面战略合作协议，此次"联姻"震惊业界。在激烈的市场竞争中，现代企业的可持续发展不再是"单打独斗"的年代，企业和企业之间需要相互合作，打破现有的行业格局，互相取长补短，互为支撑才能获得长久的发展。

（八）成本结构（Cost Structure）

商业模式中的成本结构，也称为成本构成，是指企业在生产运营过程中需要支付成本和费用的活动。企业在运转过程中是由各种活动组成的，而这些活动不可避免地会产生各项费用，例如，技术开发与使用、能源的消耗、人力资源的使用、设备的消耗、客户关系的维护等。了解各项活动的成本占总成本的比重是成本结构的重点，有利于企业进行成本优化。同时，在一般情况下，某项活动的成本占企业总成本的比重越高，该活动成为企业主要风险的概率就越大。了解企业的成本结构有利于企业进行风险控制。

（九）收入来源（Revenue Structure）

收入来源，即收入模式。利润是支撑企业可持续发展的基础。收入模式是企业在构建商业模式时需要关注的又一重点。收入模式，是指对企业的经营要素进行价值识别和管理，探寻其中存在的可盈利机会，即在企业众多的活动中辨别其中的盈利活动，并解析其盈利的过程，从而将该活动形成可复制且可持续的模式。它回答了客户愿意为了该企业的什么产品或服务而买单，他们想要从该产品或服务上真正获取的价值是什么等问题。例如，ZARA（飒拉）作为服装商为客户提供的是物美价廉的服装，而客户在众多的服装品牌中选择 ZARA（飒拉）不仅仅是由于服装本身，更多地在于物美价廉的"时尚"。

以上九个关键词构成了一个完整的商业模式，各个要素之间相互作用、互为支撑，保障了企业的可持续发展。

第二节　新创企业商业模式设计

在了解了商业模式之后，下一步就是对企业的商业模式进行设计。如今是"大众创业，万众创新"的新时期，创业的机遇与风险并存。一个企业要想在激烈的市场竞争中获取一定的市场地位，商业模式必不可少。一些新创企业试图为创造一个全新的商业模式来颠覆现有的行业格局，从而确定自己的行业定位，还有些企业仅是模仿和改进现有的商业模式就已经取得了巨大成就，如比亚迪等。那么商业模式应该如何设计呢？

一、商业模式设计的原则

（一）基于企业现有的资源、市场竞争环境和政策环境的原则

一个企业的发展会受到各种资源的限制，资金、技术水平、国家政策、法律甚至是文化认同等都可能成为制约企业发展的因素。因此，企业在设计商业模式的过程中必须以现有的企业资源为基础，并充分考量市场对其商业模式的接受程度，以保证该商业模式的可操作性，这就好比饿了么手机应用软件（以下简称 APP）能够在城市发展得红红火火，而在偏远的贫困山区很难得到发展一样。市场容量的缺乏、高额的成本导致了已经在众多城市发展相对成熟的商业模式在其他地区遭遇失败。Facebook（脸书）败走中国市场也是如此，由于 Facebook（脸书）服务商不愿意遵守中国的互联网法律而在中国被屏蔽，导致在中国大陆市场无法登陆。因此，企业在设计商业模式时必须充分考虑到它的利益相关者，如政府、消费者、员工、股东、所在社区、行业竞争者等对其商业模式的接受程度，以确保该商业模式的基本可行性。

（二）基于客户价值最大化的原则

企业持续发展的基础是客户对企业的满意度和忠诚度。客户是企业拥有的最重要的资源，是企业利润来源的重要保证。企业所生产的产品或服务如果没有消费对象，那么这家企业必然走向失败。因此，企业的商业模式必须确保该企业能够为客户提供优质的产品或服务，最大程度地满足客户的需求。也就是说，企业商业模式的设计必须围绕客户的需求展开。正是如此，知名的餐饮火锅连锁品牌海底捞以其优质的美食和"超五星级"的服务成为火锅品牌的领导者，以客户为中心是其成功的根本。

（三）基于企业盈利及可持续性盈利的原则

按照经济学的观点，追逐利润并实现利润最大化是一个企业生存的根本动机。企业的正常运转离不开资金的支持，而可持续性的盈利是保证企业运转资金的根本来源。因此，在进行商业模式设计时，如何实现企业盈利且可持续性的盈利是一个关键点。盈利模式是企业生存和发展的决定性因素之一。例如，作为互联网短途出行解决方案的摩拜等共享单车，在最开始运营的过程中其盈利模式备受关注。共享单车的收入主要来源于车辆使用费、用户押金、车体或 APP 广告。但就目前来看，不论是哪一种来源的收益，其稳定性都不是很理想，很难支撑成立初期投入的大量的基础设施建设、研发和运营等成本。因此，共享单车最初的盈利

模式备受质疑，其至摩拜的王晓峰抛出"活下去再找盈利模式"的观点。然而，这也是互联网创业的一大特点：先用新颖的商业模式满足市场的需求，吸引大规模的用户，再充分利用和释放这些流量资源，从而达到最终的盈利。随着共享单车注册用户数量的不断升级，成立初期难以为继的共享单车也开始逐步盈利。

二、商业模式设计的方法

大量的事实表明，商业模式的设计方法并不是很难，按照商业模式的来源可分为全盘复制[①]、借鉴创新、调整改革和发明创造三种方法。

（一）全盘复制

全盘复制即拿来主义，是指将其他优秀企业的商业模式直接拿过来进行复制，当然并不是所有企业的商业模式都能进行全盘复制，很多时候需要根据企业的实际发展进行适当的调整，否则可能出现"水土不服"的现象。这种全盘复制的方法主要适用于同一行业，尤其是同属于相同的细分市场或拥有相同或相似产品的企业。

全盘复制的优点是非常明显的，一是企业可以节约大量的进行市场调查、商业模式规划等活动的时间和成本，在最短的时间内抓住商机，抢占市场；二是已有的商业模式较为成熟，企业可选择优秀的商业模式进行复制，同时可以根据该商业模式的发展经验避开其短板。当然，企业在全盘复制优秀企业的商业模式时还需要注意以下几个问题，首先，要选择正确的标杆企业；其次，要抓住时机，把握机会，当一种新的商业模式成功之后，会成为许多企业争相模仿的对象，在这个时候谁能抢先复制，谁就有可能取得先发优势；最后，要注意商业模式复制后的适应性，每个企业都是不同的，在复制商业模式化时，需要根据企业的自身情况进行相应的调整，从而真正地符合企业发展的实际需要。

（二）借鉴创新

有别于全盘复制的是，借鉴创新是在对标杆企业已有模式基础上进行的商业模式的再设计。通过学习和研究优秀的商业模式，尤其是同行业优秀企业的商业模式，了解这些商业模式中的核心内容和创新点，将其与本企业的商业模式进行对比，有利于发现和弥补本企业商业模式中的不足，从而进一步完善本企业商业模式。同时，借鉴优秀的商业模式的核心内容和创新点，学习其商业模式独特的设计思路，有利于启发本企业商业模式的设计思路和角度。

除上述方法之外，商业模式的借鉴创新还包括对标杆企业商业模式的延伸拓展。这种延伸拓展包括两种形式，一种是在对标杆商业模式进行分析的基础上，寻找适合该商业模式尚未开发的其他市场。抢先利用该商业模式的主体框架设计新的商业模式进入新的细分市场，这也是2010年聚美优品进入电子商务购物平台的方式，将已成熟的电子商务购物平台应用于时尚化妆品市场，从而取得了不菲的成绩。这种模式有两个需要注意的问题，首先是如何寻找到适合该商业模式且尚未被开发的细分市场；其次是在商业模式"转移"的过程中如何有针对性地对该商业模式进行调整。另一种是分析行业的优秀商业模式并进行逆向思维。也就是说，直接切割对行业领导者的商业模式或主流商业模式中不满意的市场份额，抢占该市场，

---

① 张玉利. 创业管理[M]. 北京：机械工业出版社，2013.

并建立满足该市场需求的商业模式。那么究竟该如何进行逆向思维呢？以滴滴打车软件为例，我国传统的市内公共交通工具以公共汽车和出租车为主，但是不论是公共汽车还是出租车，或许是不能满足客户对于交通时间和地点的自由性的需求等，这是市内公共交通市场商业模式的不足，而滴滴打车软件解决了这一问题，它通过在市区内共享交通工具的模式及打车时间灵活、价格实惠的特点迅速占领了市场，甚至对传统的公共交通行业产生了一定的威胁。商业模式的创新形式贯穿于企业经营的整个过程之中，贯穿于企业资源开发模式、制造方式、营销体系、市场流通等各个环节，也就是说，在企业经营的每一个环节上的创新都可能变成一种成功的商业模式。[①]

（三）调整改革

调整改革，是指企业在发展过程中发现自身商业模式的不足，根据自身的发展经验进一步完善商业模式的方式。这是一种商业模式的自我调整，也是企业在发展过程中使用最多的方式。各种环境的变化诸如技术进步、国家政策的调整、自然环境的改变、企业文化的变革、产品或服务的变化等，都会给商业模式带来一定的影响。为了更好地促进企业的发展，需要对企业的商业模式进行调整改革，从而与企业的发展需求相匹配。这也说明了一个成功的商业模式并不是一成不变的，好的商业模式需要具备动态性和灵活性。

（四）发明创造

发明创造，是指创造一种全新的、未曾出现过的商业模式。这是设计商业模式最难的一种方法，也是使用得最少的一种方法。任何一个新创的企业都想创建一种全新的商业模式来打破现有的商业格局，正如亚马逊图书自出版模式的出现就改变了传统出版业的格局。然而，商业模式的发明并不是一件容易的事。那么怎样才能发明一种新的商业模式呢？根据经验显示，企业应根据市场的需求寻找到产品创新的源泉，或是用全新的思维来对当前行业的商业模式进行改革甚至颠覆。

企业在进行商业模式的设计时，需要根据企业自身的实力和所处的竞争环境，选择适合自己的商业模式。只有这样设计出来的商业模式才能够在企业发展的过程中发挥出有效的影响力。

三、商业模式的设计过程

时代华纳前首席执行官迈克尔·恩说："在经营企业的过程中，商业模式比高技术更重要，因为前者是企业能够立足的先决条件。"一个成功的企业需要一种成熟的商业模式，商业模式的设计关乎企业成败。那么，如何进行商业模式的设计呢？亚历山大·奥斯特沃德等在《商业模式新生代》一书中指出，商业模式描述了企业如何创造价值、价值传递、获取价值的基本原理。对此，他从客户细分、价值主张、渠道通路、客户关系、收入来源、核心能力、成本结构、关键业务、重要合作九个方面，通过商业模式画布图解释了如何进行商业模式的设计（参见图3-2）。商业模式画布图是一种将商业模式可视化的工具，能够帮助企业解析企业价值链、确定企业创造价值、传递价值和获取价值的路径。

---

① 卢飞成. 创业实战[M]. 杭州：浙江大学出版社，2012.

重要合作	关键业务	价值主张	客户关系	客户细分
1. 需要哪些业务合作伙伴？ 2. 这些业务合作伙伴能带来什么资源？	企业运转需要哪些业务流程？	1. 为客户提供什么产品或服务？ 2. 帮助客户解决什么问题？	1. 如何与客户建立联系？ 2. 如何为客户提供服务？	1. 为谁创造价值？ 2. 谁是我的真实客户？
	核心能力 1. 业务发展需要哪些资源？ 2. 企业拥有哪些核心优势？		渠道通路 1. 怎样让客户知道企业？ 2. 企业怎样将产品或服务传递给客户？	
成本结构 1. 我需要支付哪些成本和费用？ 2. 这些成本和费用从哪里来？		收入来源 1. 能从哪些地方获取收入？ 2. 从项目运转到开始盈利需要多长时间？		

图 3-2　商业模式画布图

资料来源：亚历山大·奥斯特沃德，伊夫·皮尼厄. 商业模式新生代[M]. 北京：机械工业出版社，2011.

　　奥斯特沃德和皮尼厄用画布图的形式详细地描述了企业商业模式构建所需要回答和解决的九个方面的问题，使企业发展的难题简单化。那么商业模式设计的过程究竟是怎样的呢？根据奥斯特沃德的九要素观点，可将商业模式的设计划分为以下几个步骤（参见表3-2）。

表 3-2　设计商业模式的步骤

步骤	内容	解决问题
发现和验证市场机会	进行客户细分	市场存在什么样的需求（或潜在需求） 需求量是否形成规模 有什么市场机会 进入哪个细分市场
选择产品和对产品进行定义	确定价值主张	确定企业的产品或服务 产品或服务的价值如何体现
对财务数据进行分析	分析成本结构 确定收入模式	分析企业的成本消耗板块 确定维持企业运转资金的来源 确定企业收入的来源
建立合理高效的组织保障体系	衡量核心能力或资源 设计关键业务 寻找重要伙伴 打通渠道通路 建立客户关系	确定企业的业务流程 哪些是企业的核心业务 企业的核心资源或能力是什么 在产业链上的关系网络是否有利 怎么将产品或服务传递给消费者 通过什么途径与客户建立联系 怎样为客户提供服务

维持一个企业的运转需要多个要素的有效配合，企业的商业模式解释了这些要素之间配合的路径。上述四个步骤基本上回答了企业发展需要考虑的基本问题。下面我们来具体分析一下。

（一）发现和验证市场机会

必须有市场或潜在市场的存在，企业的产品或服务才能实现市场价值。因此，发现和验证市场机会是企业在设计商业模式时的首要任务。在这一环节中，需要回答以下问题：

1. 市场存在什么样的需求（或潜在需求）？
2. 需求量是否形成规模？
3. 该需求是否可以成为本企业的市场机会？
4. 进入哪个细分市场？

企业在进行商业模式设计前必须先明确采用该模式的项目是否具有市场需求或可开发的潜在需求，只有符合市场需求的产品或服务才能获得可持续性的发展。然而，根据 2014 年 9 月美国科技市场研究公司（CB Insights）对 101 家科技创业公司的失败案例的总结发现，42％的企业失败是由于创始人过于执着自己的创意却没有分析市场需求导致的。在确定了具备需求的基础上，进行后续的商业模式的设计才具有实际意义。企业可通过开展市场调查和消费者心理分析，来确定市场的需求动向以及该需求量是否形成可进行批量生产的规模或可持续发展的规模。当市场需求形成一定的规模后，还需确定本企业满足市场需求的可能性，否则就会出现前些年我国众多的企业纷纷折戟汽车市场的现象。在企业具备了抓住市场机会的能力后，企业需要锁定一个相对狭窄的市场，对其市场容量、市场偏好及消费者对于转换成本的接受程度进行分析，进而帮助企业进一步地了解市场。

（二）选择产品和对产品进行定义

在了解了客户的需求后，如何给客户提供独到的价值呢？企业需要考虑为创意寻找现实的载体，即产品或服务。这是企业价值实现的基础。解决这一问题，需要回答下列问题：

1. 确定企业生产什么产品或提供什么服务？
2. 产品或服务的价值如何体现？

产品或服务是连接企业和客户的纽带，是企业价值的载体，只有良好的产品或服务才能使企业价值得到更好的实现。对此，需要在对市场进行分析的基础上，研究什么样的产品或服务能够满足客户的需求，以及产品或服务如何定位的问题。完整的产品由三个层次组成：最里层是核心层，主要包括性能、指标、功能、品质等，是产品发挥作用的关键因素；第二层是外围层，主要是增值服务，目的是让客户更好地体验核心产品的功效，比如售前/售后服务、电话咨询服务等；第三层是外延层，主要是客户体验与感觉。[①]要完成对完整产品或服务的确定可运用 FAB 分析法进行分析、F（Features）是指产品具有什么特点和属性；A（Advantages）是指该产品或服务与同类型的产品或服务相比，具有哪些相对优势；B（Benefits）是指带给顾客的利益和价值。此外，还需对产品或服务进行定位，其中一项主要的工作就是定价。定价方法可以分成优质优价、优质同价、同质低价、低质低价四种，企

---

① 刘昌明，赵传栋. 创新学教程[M]. 上海：复旦大学出版社，2007.

业需根据自己的客户层次选择适合的定价方法，只有这样才能满足客户的需求。

（三）对财务数据进行分析

财务是维持企业运转的基础，企业发展的各个环节都离不开财务的支持。良好的商业模式也是如此。没有财务的支撑，再完美的商业模式也只能如昙花一现。中国普尔马斯特超市（以下简称普马）即属此例。1996 年普马成立之后，在八年内迅速发展成为中国最大的零售商之一。普马的核心模式是以当地银行的贷款开新店扩张，通过供货商赊销经营，由各个分店之间的现金调配来平衡现金流，甚至调配分店的资金作为新店的资本金。这种高速增长的模式流动性不足，资金链过于紧张。2004 年，当西南某银行收回一笔 2 亿元贷款时，中国普马各地的门店终于像多米诺骨牌一样倒掉，曾经成就普马的商业模式也成为促进其崩塌的推手。对财务数据的分析是构建商业模式中的重要板块，这部分内容包括对三个问题的解答：（1）企业的哪些活动会消耗成本？（2）维持企业运转的资金从哪里来？（3）企业的收入从哪里来？解决了这三个问题，基本上也就解决了企业的财务问题，保障了企业的运转。对企业财务状况的分析，有利于对企业的实际运作能力和企业内部的管理现状有更清晰的认识，从而进一步地提高企业的管理水平，优化企业的经营模式。

（四）建立合理高效的组织保障体系

在解决了上述问题之后，企业还需要一个与之匹配的主体框架来确保商业模式的运转和企业价值的实现。这就需要进一步地健全组织结构，提供组织保障。组织保障体系的建立需要回答以下问题：（1）企业的业务流程有哪些？（2）哪些是企业的核心业务？（3）企业的核心资源和能力是什么？（4）企业的重要关系网络能带来什么样的利益？（5）怎么将产品或服务传递给消费者？（6）企业通过什么途径与客户建立联系？

组织保障体系的建立主要包括两部分内容：一是企业如何生产最优的产品或提供最优的服务；二是企业如何将产品或服务传递给最广泛的客户群体。前者的工作包括设计和改进企业的业务流程，确定维持企业运转的关键活动和核心能力，分析、了解并构建优质的伙伴关系网络等，以此实现企业生产或服务环节的最优化。后者的工作主要是实现企业的价值主张，即通过产品价值的转移实现企业价值，首先，企业要确定通过哪种渠道将产品传递给客户，即确定分销渠道，如安利通过直销的形式使其产品进入市场，从而节省了大量中间成本；而康师傅构建了多种渠道模式，既有直销渠道，也搭建了中间经销渠道，最大程度地扩展市场。其次，企业要通过何种途径与客户建立联系，报纸、广告、互联网还是其他途经。最后，企业还要确定如何为客户提供服务，从而提高客户的满意度和忠诚度。

通过上述几个步骤，企业才能设计出具有价值和竞争力的商业模式。在确定商业模式之后，仍需要时间的检验，只有经过实践检验的商业模式才能使企业在竞争中得到快速、持续的发展。

思考题

1. 什么是商业模式？其要解决的核心问题是什么？
2. 商业模式的构成要素有哪些？
3. 如何进行商业模式的设计？

第四章　新创企业的成立

第一节　新创企业类型

创业者在创立企业的时候，必须解决的一个重要问题是企业应选择什么样的类型（法律组织形式）。这个决策主要取决于创业者和公司投资者的目标，并考虑纳税地位、承担的法律责任以及在企业经营和融资活动中的灵活性。

根据我国法律规定，创业者创办新企业可以选择五种企业形式，即个体工商、独资企业、合伙企业、有限责任公司和股份有限公司。由于新创企业一般为小型企业，股份有限公司的注册条件对于创业者而言相对较高，因此，新创企业设立时创业者常选择个体工商、独资企业、合伙企业或有限责任公司。

一、个体工商

个体工商户是指有经营能力，并依照《个体工商户条例》的规定，经工商行政管理部门登记，从事工商业经营的公民。

（一）个体工商户的设立条件

1. 有经营能力的城镇待业人员、农村村民以及国家政策允许的其他人员。

2. 申请人必须具备与经营项目相应的资金、经营场地、经营能力及业务技术。

（二）个体工商户的主要特点

个体工商户，是个体工商业经济在法律上的表现，具有以下特征：

1. 个体工商户是从事工商业经营的自然人或家庭。自然人或以个人为单位、或以家庭为单位从事工商业经营，均为个体工商户。

2. 自然人从事个体工商业经营必须依法核准登记。个体工商户的登记机关是县以上工商行政管理机关。个体工商户经核准登记，取得营业执照后，才可以开始经营。个体工商户转业、合并、变更登记事项或歇业，也应办理登记手续。

3. 个体工商户只能经营法律、政策允许的行业。在依法核准登记的范围内，个体工商户享有从事个体工商业经营的民事权利能力和民事行为能力。个体工商户的正当经营活动受法律保护，对其经营的资产和合法收益，个体工商户享有所有权。个体工商户可以在银行开设账户，向银行申请贷款，有权申请商标专用权，有权签订劳动合同及请帮工、带学徒，还享有起字号、刻印章的权利。

（三）个体工商户的优缺点

1. 个体工商户的优点包括：

（1）对注册资金实行申报制，没有最低限额基本要求；

（2）注册手续简单，费用低；

（3）税收负担轻。

2. 个体工商户的缺点包括：

（1）信誉低，难以取得银行大额贷款；

（2）规模小，发展慢；

（3）管理不规范。

二、独资企业

独资企业，即为个人出资经营、归个人所有和控制、由个人承担经营风险和享有全部经营收益的企业。以独资经营方式经营的独资企业有无限的经济责任，破产时借方可以扣留业主的个人财产。

（一）独资企业的设立条件

1. 投资人为一个自然人。

2. 有合法的企业名称。

3. 有投资人申报的出资。

4. 有固定的生产经营场所和必要的生产经营条件。

5. 有必要的从业人员。

（二）独资企业的主要特点

1. 企业的建立与解散程序简单。

2. 经营管理灵活自由，企业主可以完全根据个人的意志确定经营策略，进行管理决策。

3. 业主对企业的债务负无限责任，当企业的资产不足以清偿其债务时，业主以其个人财产偿付企业债务，有利于保护债权人利益，独资企业不适宜风险大的行业。

4. 企业的规模有限，独资企业有限的经营所得、企业主有限的个人财产、企业主一人有限的工作精力和管理水平等都制约着企业经营规模的扩大。

5. 企业的存在缺乏可靠性，独资企业的存续完全取决于企业主个人的得失安危，企业的寿命有限。

6. 独资企业的名称中不得使用"有限""有限责任"或者"公司"字样。

7. 独资企业不得从事法律、行政法规禁止经营的业务，从事法律、行政法规规定须报经有关部门审批的业务，应当在申请设立登记时提交有关部门的批准文件。

（三）独资企业的优缺点

1. 独资企业的优点包括：

（1）产权独享，即独资企业的产权是创业者个人独有的，并且是清楚的，不会与其他个人或者团体产生产权上的纠纷。

（2）个人控股，决策自主，即企业所有事务由投资人说了算，创业者可以按照自己的思路来经营和发展企业，能最大限度发挥个人的智慧和才能。

（3）利润独享，即企业利润归创业者独有。

（4）注册手续简单，费用较低，注册资金不限。

（5）税收负担较轻，由于企业所得为个人所有，企业所得即个人所得，因此只征收企业所得税而免征个人所得税。

2. 独资企业的缺点包括：

（1）个人理性有限。企业经营是探索性很强的工作，独资企业主要是由创业者单独来经营，这给创业者提出了很高的要求。然而个人的智慧和才能终究是有限的，再加上"人是有限理性的"，独资企业的发展必然会受到个人智慧、才能、理性的限制。

（2）信贷信誉低，融资困难。设立和经营独资企业的一切费用都由创业者个人承担，企业的全部家当就是个人资产，由于个人资金终归有限，注册资金较少，企业抗风险能力差，作为外部投资者往往面临较高的经营风险和道德风险，因而通常难以吸引外界资源投入。

（3）无限责任制，风险巨大。这是独资企业最大的劣势。创业者对企业负无限责任，在硬化了企业预算约束的同时，也带来了承担风险过大的问题，从而限制了新创企业向风险较大的部门或领域进行投资的活动，这对新创企业的形成和发展极为不利。

（4）企业存续性差。企业所有权和经营权高度统一的产权结构，虽然使企业拥有充分的自主权，但也加大了个人的责任，如果创业者有所失误，可能会导致企业破产。

（5）管理不够规范。企业内部的劳动关系基本是雇佣关系，劳资双方利益目标的差异，构成企业内部组织效率的潜在风险。

三、合伙企业

合伙企业，是指由自然人、法人和其他组织依照《中华人民共和国合伙企业法》在中国境内设立的，由两个或两个以上的自然人通过订立合伙协议，共同出资经营、共负盈亏、共担风险，并对企业债务承担无限连带责任的盈利性组织。

（一）合伙企业的设立条件

1. 有两个或两个以上的合伙人，合伙人应为具备完全民事责任的人，都是依法承担无限责任者，不存在承担有限责任的合伙人。

2. 有书面合伙协议。合伙协议是由各合伙人协商一致，明确各合伙人权利义务的法律文件。合伙协议应采取书面方式订立，经全体合伙人签名、盖章后生效。合伙人依照合伙协议享有权利、承担义务。

3. 有各合伙人实际缴付的出资。合伙协议生效后，合伙人应当按照合伙协议约定，履行出资义务。合伙人可以用货币、实物、土地使用权、知识产权或者其他财产权利出资。经合伙人协商一致，合伙人也可用劳务出资。

4. 有合伙企业的名称。合伙企业只有拥有自己的名称，才能以自己的名义参与民事法律关系，享有民事权利，承担民事义务并参与诉讼，成为诉讼当事人。

5. 有经营场所和从事合伙经营的必要条件。经营场所，是指合伙企业从事生产经营活动的所在地，合伙企业一般只有一个经营场所，即在企业登记机关登记的营业地点。经营场所的法律意义在于确定债务履行地、诉讼管辖、法律文书送达等。从事经营活动的必要条件，是指根据合伙企业的业务性质、规模等因素而需具备的设施、设备、人员等方面的条件。

（二）合伙企业的主要特点

1. 合伙企业易设立和解散。合伙人签订了合伙协议，就宣告合伙企业的成立。新合伙人的加入、旧合伙人的退伙等，均可造成新合伙企业的成立或原合伙企业的解散。

2. 合伙人对债权人承担无限责任。

3. 合伙人共同决定合伙企业的经营活动。合伙人可以推举负责人，所有合伙人均需承担民事责任。

4. 合伙财产，由合伙人统一管理和使用，未经其他合伙人同意，不得将合伙财产移为他用。

5. 合伙企业在生产经营活动中所取得、积累的财产，归合伙人共有，如有亏损也由合伙人共同承担。

（三）合伙企业的优缺点

1. 合伙企业的优点包括：

（1）资本规模较大，但个人出资比较小。合伙企业由多人投资共同组建，资本来源于全体合伙人的共同出资，资本规模较大，融资难度较低，同时个人出资相对也较少。

（2）易形成团队优势。合伙企业能够让更多投资者发挥优势互补的作用，比如技术、知识产权、土地和资本的合作，并且投资者更多，事关自己切身利益，大家共同出力谋划，集思广益，提升企业综合竞争力。

（3）风险共担。全体合伙人共同承担创业中的风险，共同克服可能遇到的种种困难，企业抵御风险的能力大大增强。

（4）企业信誉较高。由于无限责任制，使债权人的利益受到更大保护，从理论上来讲，在这种无限责任的压力下，更能提升企业信誉。

（5）注册手续简便，费用低，税收较低。合伙企业注册方式和独资企业类似，关键在于合伙人间的共同协议；合伙企业的税收方式和独资企业一样，只需缴纳企业所得税，不用缴纳个人所得税。

2. 合伙企业的缺点包括：

（1）无限责任制。合伙企业最大的风险就是无限责任，同时还有连带责任。任何一个合伙人经营失误，所有合伙人都将被连累。

（2）产权关系复杂，内部协调费用人，易产生内耗。合伙人之间易产生分歧，企业决策难以达成一致，业务开展存在困难。

（3）决策过程复杂。由于合伙企业的决策既要满足企业发展的需要，又要符合全体合伙人的个人利益，在决策过程中难以协商一致。

（4）容易引起利益纠纷。合伙人的利益相互交织在一起，在企业设立、运营和发展过程中，合伙人之间不可避免地会产生一些利益纠纷，如果利益关系协调不当，很可能会导致企业存续与运营危机。

（5）合伙人财产转让困难。合伙人对外转让财产必须经全体合伙人同意，退伙也存在这个问题。

四、有限责任公司

有限责任公司，简称有限公司，是指根据《中华人民共和国公司登记管理条例》规定登记注册，由 50 个以下的股东出资设立，每个股东以其所认缴的出资额对公司承担有限责任，公司法人以其全部资产对公司债务承担全部责任的经济组织。

（一）有限责任公司的设立条件

1. 股东符合法定人数。我国《公司法》规定，有限责任公司的股东为 50 人以下。

2. 股东共同制定公司章程。公司章程是公司最重要的法律文件，是公司内部组织与行为的基本准则。

3. 有公司名称，并建立符合有限责任公司要求的组织机构。有限责任公司，必须在公司名称中标明"有限责任公司"或者"有限公司"字样。公司只能使用一个名称，经登记机关核准登记的公司名称受法律保护。有限责任公司应依法设立股东会、董事会或执行董事、监事会或监事等组织机构。

4. 有公司住所。公司以其主要办事机构所在地为住所，经公司登记机关登记的公司住所只能有 1 个，公司的住所应当在其公司登记机关辖区内。

（二）有限责任公司的主要特点

1. 有限责任公司的股东以其出资额为限对公司负责。

2. 人资两合性，有限责任公司的人合性，主要表现在公司股东之间。

3. 股东人数一般不超过 50 人。

4. 设立程序简单，一般来说，只要符合《公司法》的相关条件，即可申请开户。

5. 组织机构灵活，对于股东人数少、规模小的公司，可以设 1 名执行董事，不设董事会；或设 1—2 名监事，不设监事会。

6. 公司规模伸缩性较强，可大可小。

（三）有限责任公司的优缺点

1. 有限责任公司的优点包括：

（1）有限责任公司设立条件与程序比较简单。有限责任公司只有发起设立，而无募集设立。一般只要有公司章程，股东出资达到要求，登记即可。

（2）有限责任公司组织结构比较简单。由于有限公司的股东人数比较少，所以并不要求有限公司必须设立股东会，有时只设立一名执行董事。

（3）有限责任公司股东变动小，内部凝聚力强。有限公司股东人数有最高数量的限制，所以股东之间比较容易协调。同时由于人合因素较重，协商解决公司事务的难度往往较小。

（4）有限责任公司公示义务较轻。公司承担向一定范围内人或社会公众公布公司状况，特别是公司财务状况的义务。在有限公司中，公示义务虽然存在，但程度比较轻，通常只需对公司股东公布，而无需对社会公众公布。

（5）有限责任公司股东风险小，仅负有限责任。有限责任公司以其全部财产对其债务承担责任，这是有限责任公司的重要特征。

2. 有限责任公司的缺点包括：

（1）有限责任公司采用有限责任制度，使得公司股东可以利用此种方式从事个人业务。由于缺乏社会公众的监督，难免会导致个别股东滥用公司形式，不当地逃避责任和风险。

（2）有限责任公司对债权人利益保护较差。公司一般自有资本较少，抗风险能力较差，且全体股东均负有限责任，当严重亏损时破产的可能性较大。

（3）有限责任公司的出资转让不像股份转让那样自由，通常须获得其他股东的同意。股东股权的转让受到严格的限制，资本流动性差，不利于以股权转让的方式规避风险。

第二节　新创企业设立流程

一、预先核准登记

企业名称应当由行政区划、字号、行业、组织形式依次组成。我国在企业登记工作中实行名称预先核准制。申请企业名称预先核准登记，应当由新创企业的代表或者其委托的代表人向企业名称的登记主管机关提交下列文件、证件：

第一，企业名称预先核准申请书；

第二，指定代表或委托代理机构及受托代理人的身份证明和企业法人资格证明及受托资格证明；

第三，代表或受托代理机构及受托代理人的身份证明和企业法人资格证明及受托资格证明；

第四，全体投资人的法人资格证明或身份证明；

第五，登记主管机关要求提交的其他文件。

企业名称预先核准登记后，企业名称要遵照《企业名称登记管理规定》和《企业名称登记管理实施办法》，到工商行政管理部门申请注册，非经工商行政管理机关核准登记的企业名称不受法律保护。国家工商行政管理局和地方各级工商行政管理局是企业名称的登记管理机关，登记主管机关依照《企业法人登记管理条例》对企业名称实行分级登记管理。

二、工商注册

办理工商注册手续包括：

第一，填写工商注册登记表。提交公司设立登记的各种表格、相关文件、资料，办理入资、验资手续。

第二，领取工商营业执照。待登记主管机关受理、审查、核准、发照后，新创企业可取得营业执照。创业者如果需要进行基本建设，还需向工商局申请筹建登记并领取筹建许可证。

第三，进行企业代码登记，刻公章，开设银行账户。企业在取得工商部门核发的营业执照后前往公安局指定地点刻制公章；企业在领取营业执照或许可证照之日起 30 日内前往技术监督局办理企业代码证书，办理时需携带营业执照副本及复印本、单位公章、法人名章及法人身份证复印件、企业正式职工人数、单位代码、电话等证明材料。

第四，创业者需在领取营业执照 30 日之内，到国税局和地税局填写《申请税务登记报告书》，领取税务登记证和各种发票。

第五，办理各种社会保险统筹及就业证。

三、税务注册

新创企业注册后要向国家税务机关申报办理税务登记。登记程序如下：

1. 持工商行政管理部门核发的营业执照到国家技术监督部门办理企业统一代码证书（个体工商户免办）。

2. 自领取工商营业执照 30 日内主动向税务机关提出办理税务登记书面报告，填写《申请税务登记报告书》。

3. 根据《税收征管法实施细则》的规定，需要提供以下证件和资料：

（1）工商营业执照副本（或其他执业证件、有关部门批准设立文件）原件及复印件一份；

（2）《组织机构代码证》副本原件及复印件一份（个体工商户可不提供，如需到银行开设基本账户，并且已在技术监督管理局办理《组织机构代码证》的个体工商户必须提供）；

（3）法定代表人（负责人、业主）的身份证明文件（如身份证、户口簿、护照等）原件及复印件一份；

（4）有关章程、合同、协议书复印件各一份；

（5）银行账户证明原件及复印件一份；

（6）税务机关要求提供的其他有关证件、资料。

4. 据实填写《税务登记表》。

5. 税务机关对纳税人提交的相关证件和资料进行审核并确认无误后发给税务登记证。

6. 纳税人凭税务登记证办理以下税务事项：

（1）申请办理减税、免税、退税；

（2）申请办理外出经营税收管理证明；

（3）领购发票；

（4）申请办理税务机关规定的其他相关税务事项。

四、其他登记备案事项

（一）银行开户

根据《银行账户管理办法》，企业可以在银行申请基本存款账户、一般存款账户、临时存款账户和专用存款账户，上述各类账户均有不同的设置和开户条件。

基本存款账户是企业的主要存款账户，该账户主要办理日常转账结算和现金收付，存款单位的工资、奖金等现金的支取只能通过该账户办理。基本存款账户的开立须报当地人民银行审批并核发开户许可证，许可证正本由存款单位留存，副本交开户行留存。企业只能选择一家商业银行的一个营业机构开立一个基本存款账户。

一般存款账户是企业在基本存款账户以外的银行存款转存、与基本存款户的企业不在同一地点的附属非独立核算单位的账户，该账户只能办理转账结算和现金的缴存，不能支取现金。

临时存款账户是外来临时机构或个体经济户因临时经营活动需要开立的账户，该账户可办理转账结算和符合国家现金管理规定的现金业务。

专用存款账户是单把某一项资金拿出来，方便管理和使用，开设专用存款账户需要经过人民银行批准。

企业申请开立一般存款账户、临时存款账户、专用存款账户，应填制开户申请书，提供基本存款账户的企业同意其附属的非独立核算单位开户的证明等证件，送交盖有企业印章的卡片，银行审核同意后开立账号。

（二）企业代码

新创企业在办理工商注册登记之后，到质量监督管理局办理企业组织机构代码证书，申请后满 3 个工作日领取企业代码正副本。申请企业组织机构代码证书应该提交的文本有企业营业执照原件（核对）、企业营业执照复印本（备案）、法定代表人（负责人）和经办人身份证复印件、申请表等。

（三）保险

根据《社会保障费征缴暂行条例》，新创企业注册后必须办理社会保险。我国社会保险包括基本养老保险费、基本医疗保险费、失业保险费。根据《社会保险登记管理暂行办法》，领取工商营业执照之日起 30 日内，新创企业需到所在地社会保险经办机构申请办理社会保险登记；跨地区的企业单位，其社会保险登记地由相关地区协商确定；缴费单位有异地分支机构的，分支机构一般应当作为独立的缴费单位，向所在地的社会保险经办机构单独申请办理社会保险登记。

五、新创企业登记注册所需材料

（一）个体工商户登记注册材料

1. 申请人签署的个体工商户开业登记申请书。
2. 企业名称预先校准通知书及预核准名称投资人名录表。
3. 申请人身份证明。
4. 经营场所证明。
5. 经营范围涉及前置许可项目的，提交相关审批文件。
6. 国家法律、法规规定提交的其他文件。

（二）独资企业登记注册材料

1. 投资人签署的独资企业设立登记申请书。
2. 企业名称预先校准通知书。
3. 投资人身份证明。
4. 经营场所证明。
5. 工商行政管理部门规定提交的其他文件。

6. 国家法律、法规规定提交的其他文件。

从事法律、行政法规规定须报经有关部门审批的业务，应当提交有关部门的批准文件。

委托代理人申请设立登记的，应当提交投资人的委托书和代理人的身份证明或者资格证明。

（三）合伙企业登记注册材料

1. 全体合伙人签署的设立登记申请书。

2. 企业名称预先校准通知书。

3. 全体合伙人指定的代表或者共同委托的代理人的委托书。

4. 全体合伙人身份证明。

5. 全体合伙人签署的合伙协议。

6. 经营场所证明。

7. 工商行政管理部门规定提交的其他文件。

8. 国家法律、法规规定提交的其他文件。

（四）有限责任公司登记注册材料

1. 公司法定代表人签署的设立登记申请书。

2. 企业名称预先校准通知书。

3. 全体股东的指定代表或者共同委托的代理人的委托书。

4. 全体股东身份证明。

5. 公司法定代表人任职文件和身份证明。

6. 公司住所证明。

7. 公司章程。

8. 工商行政管理部门规定提交的其他文件。

9. 国家法律、法规规定提交的其他文件。

第三节　创业相关法规

一、法律注意事项

新创企业需注意的法律事项主要包括：确定企业的组织形式，签订合伙协议、公司章程等基础架构的制度性文件，进行融资租赁谈判，起草合同，申请专利、商标和版权保护等。

（一）确定企业的组织形式

目前，设立各类企业基本不存在资金门槛，因此，创业者应根据个人的具体情况，结合各种形式企业的责任承担模式，选择合适的组织形式。

不同组织形式的责任承担方式：

1. 个体工商户的经营收入归公民个人或家庭所有。个体工商户的债务，是个人经营的，以个人财产偿还；是家庭经营的，以家庭财产偿还。

2. 独资企业财产为投资人个人所有，投资人以其个人财产对企业债务承担无限责任。

3. 合伙企业对企业债务先用合伙企业财产抵偿，在抵偿不足时，由合伙人以其个人财产承担无限连带责任。

4. 有限责任公司以公司财产对外承担责任。有限责任公司股东按份额得到公司的部分利润，即分得红利，以其出资额为限对公司承担责任，在公司破产时，得到破产份额，依法享有其他权利。

（二）签订合伙协议、公司章程等基础架构的制度性文件

由于初始创业者大多都是关系密切的亲戚、同学或朋友，往往着于谈及权利、利益、责任分配等问题，而且在准备创业时更注重如何在外部开拓业务而不重视内部建构。但是在创业初期的激情过后，公司发展壮大后或遭受挫折时，就很有可能会在上述问题上产生纷争，如果不能妥善处理就会导致创业中途失败。为了能够有效地规避这类问题的发生，就要求在创业伊始，通过合伙协议或公司章程等制度性文件来明确各个创业者之间的权利义务划分。这些制度性文件能够有效地避免和解决以后利益分配不公、债务承担不平等问题。在文件中，创业者可以就各自占创业事项多少利益比例、各自承担的债务比例、各自的工作内容、如何引入新的创业伙伴和退出机制等问题做出明确约定。一旦发生法律纠纷，这些制度性文件即是保护所有人合法权益的有力武器。

必须要强调的是，大多数投资者在创业过程中都习惯性地将企业理解为私人财产，因此企业的钱也是自己的钱，这种意识是很危险的。在有限责任公司中，股东不能证明公司财产独立于股东自己财产的，应当对公司债务承担连带责任。如果出现公司财产与个人财产交叉使用的情况，还有可能会涉及挪用资金等刑事案件。因此，公司要建立完善的财务制度，投资人要把企业和个人财产分开，避免法律风险。

（三）起草合同

签订合同需要特别注意的事项和细节很复杂，而且需要结合具体的合同分别对待，但主要有以下几个方面：

1. 主体资格审查。包括：（1）审查合作方的基本情况。先要了解对方是否具备法人或者代理人资格，有没有签订合同的权利。（2）审查合作方有无相应的从业资格。（3）调查合作方的商业信誉和履约能力。（4）查阅国家对该交易有无特别规定，目的在于确定双方的权利义务是否合法有效；涉及特种经营行业的，还需要查看是否有特殊的经营许可证。（5）涉及专利、商标、著作权的，需要查看是否为专利、商标、著作权的所有权人。以上这些可以聘请律师做资信调查，到工商局等相关行政管理部门查询相关情况，并分析得出资信结论。

2. 合同各主要条款审查。合同的签订最好采用书面形式，做到用词准确，避免产生歧义。对于重要的合同条款，要字斟句酌。重要的合同应聘请专业律师审查，以防患于未然。合同的基本条款要具备，尤其是交易的内容、履行方式和期限、违约责任等要约定清楚。

3. 合同履行的风险防范工作。合同履行时要注意保留相关的证明材料：（1）在履行合同时最好有比较完整的书面往来文件，而且必须有对方当事人的确认。（2）如果开出发票时对方货款未付清，应在发票上注明等。遇到法定条件或者合作方违约可能损害我方利益的情况

时，可以依法采取中止履行或解除合同的方法，保护企业的权益。

（四）专利、商标和版权保护

随着我国越来越重视对知识产权的保护，不少企业将知识产权提升到了公司战略的高度。最为常见的知识产权要数商标、专利和版权，那么，商标、专利、版权有何区别，各自保护的范围是什么，如何最大限度、更为全面地保护自己的知识产权呢？

商标，简而言之，是用来区分商品或服务具有显著特征的标志，它是最常见的知识产权类型。专利是指受法律保护的发明创造，包括发明专利、实用新型专利和外观设计专利三种类型。版权又称为著作权，是指文学、艺术、科学作品的作者对其作品享有的权利。

无论是商标、专利还是版权，在注册申请时都需要进行人工审查，但基于三者不同的特点，审查的重点也不同。

1. 商标审查的是显著性，说的简单点，就是能区分出来跟别人不一样。比如，美味牌苹果，就不具有显著性。由于美味是形容词，美味苹果涉及范围太广，这样的词不可能被某一家企业独占，也就无法被区分出来。除了显著性以外，还要审查商标相似性，即在相同类别下，不能存在相同或近似的商标。如果商标既有显著性又不存在相似性，就可以通过审查了。

2. 专利审查的重点是新颖性，说的简单点，就是这个技术是前无古人的。审查方法很简单，一般通过查阅现有文献的方法来判断。如果现有文献查不到，说明这个专利具有新颖性。

3. 版权相对特别，因为版权自作者完成之日起就获得了，不需要一个证书来证明自己的权利。做不做版权登记，作者都享有版权，但谁是原作者就很难证明了。比如，你写了一篇文章，有一天别人用了，你怎么证明这篇文章就是你写的呢？如果你写完文章后，做了版权登记，别人盗用你文章的时候，你就可以拿出版权证书来维护自己的权益。因此，版权登记减轻了原作者的举证责任。

版权登记的审查也相对容易，只做形式审查，不做实质审查，因此申请时间比较短，一般一个月左右就能申请完成。版权主要审查的是独创性，说的简单点，就是有没有抄袭，但在实务中是很难认定的，有不少抄袭之作成功地申请了版权登记。

版权只是起到登记的作用，其最大的意义在于减轻了作者的举证责任。如果他人在法庭上能拿出更有力的证据，也许情况就此反转。即使没有做版权登记，原作者依然享有合法权利。一言以蔽之，版权登记证书仅具有推定效力，而没有证明效力；商标和专利就不同，一旦注册成功，也就是说证书在手即能击退对手，是维护权益的有力武器。

二、相关法律法规

新创企业需要了解的相关重要法律法规有《专利法》《中华人民共和国商标法》《中华人民共和国反不正当竞争法》《中华人民共和国合同法》《中华人民共和国产品质量法》《中华人民共和国劳动法》等。

（一）《专利法》

《专利法》，是确认发明人（或其权利继受人）对其发明享有专有权，规定专利权的取得与消灭、专利权的实施与保护，以及其他专利权人的权利和义务的法律规范的总称。

专利，作为知识产权的重要组成部分，在企业的发展中起着至关重要的作用，建立健全专利战略，是企业在国内外市场竞争中提升核心竞争力的必要手段，企业必须尽快把握国情，掌握规则，规避风险，掌握专利保护这个防身之术和制胜之道。

专利权本质上是一种产权激励，它使得技术性资源得到法定权利的确认和界定。在专利权的实践中逐渐形成的专利战略，为这种产权激励提供了企业能力所及范围的最为充分的空间。

所谓专利战略，就是与专利相联系的法律、科技、经济原则的结合，用于指导科技、经济领域的竞争，以谋求最大的利益。专利战略是企业面对激烈变化、严峻挑战的环境，主动地利用专利制度提供的法律保护及其种种方便条件有效地保护自己，并充分利用专利情报信息，研究分析竞争对手状况，推进专利技术开发，控制独占市场，为取得专利竞争优势、求得长期生存和不断发展而进行的总体性谋划。专利战略就是企业的决策者、企业的知识产权部门对企业在知识产权专利未来发展的全局性的筹划和安排。

在现代社会化大生产的条件下，企业的技术基础始终处于革命性的发展变化过程之中。技术创新的突破与渐进式积累往往带来企业的观念创新、组织创新、管理创新、制度创新等一系列重要变化。在现有的法律保护和激励手段中，专利权的取得、维持和保护是企业技术竞争力得到最为安全持久、可靠有效保护的基础性措施。

（二）《中华人民共和国商标法》

《中华人民共和国商标法》是为了加强商标管理，保护商标专用权，促使生产、经营者保证商品和服务质量，维护商标信誉，以保障消费者和生产、经营者的利益，促进社会主义市场经济的发展。

规范使用商标标识有利于企业的市场营销，有利于企业的长远发展。商标是一种无形资产，对于企业的长远发展具有重要意义，企业各部门应当珍惜注册商标，规范使用商标标识，应当做到以下几点：

1. 提高认识。商标管理是企业管理的重要组成部分。企业领导要增强商标意识，充分认识商标的性质和作用，带头学好商标法规，重视商标使用管理工作，提高规范使用商标标识的认识和水平，并正确制定企业商标战略和策略。

2. 落实商标管理机构和人员。商标工作专业性较强，企业应当建立健全商标管理机构，配备专职人员，负责本企业商标的申请注册、日常管理，如商标标识的印制、保管、使用及商标档案的管理等，时时关注，切实维护好本企业的商标权益。

3. 商标管理规章制度。为了更好地宣传商标，保证企业依法使用商标，应制定相应的规章制度作保障。

（1）建立商标使用管理档案，包括商标注册证，注册商标图型标准，未注册商标，商标使用许可资料，商标权益纠纷的原始材料、记录及其他资料，商标的广告宣传资料。

（2）定点印制商标标识，维护注册商标的严肃性。

（3）严格注册商标使用许可合同内容，保证注册商标的规范使用。

（4）商标使用权限由总经理办公室负责并且监督落实。

（三）《中华人民共和国反不正当竞争法》

《中华人民共和国反不正当竞争法》保障了社会主义市场经济健康发展，鼓励和保护公平竞争，制止不正当竞争行为，保护经营者和消费者的合法权益。《中华人民共和国反不正当竞争法》第二章中规定了十一种不正当竞争行为，主要的是：

1. 假冒名称。经营者不得采用下列不正当手段从事市场交易，损害竞争对手：

（1）假冒他人的注册商标；

（2）擅自使用知名商品特有的名称、包装、装潢，或者使用与知名商品近似的名称、包装、装潢，造成和他人的知名商品相混淆，使购买者误认为是该知名商品；

（3）擅自使用他人的企业名称或者姓名，引人误认为是他人的商品；

（4）在商品上伪造或者冒用认证标志、名优标志等质量标志，伪造产地，对商品质量作引人误解的虚假表示。

2. 独占排挤。公用企业或者其他依法具有独占地位的经营者，不得限定他人购买其指定的经营者的商品，以排挤其他经营者的公平竞争。

3. 滥用行政。政府及其所属部门不得滥用行政权力，限定他人购买其指定的经营者的商品，限制其他经营者正当的经营活动。政府及其所属部门不得滥用行政权力限制外地商品进入本地市场，或者本地商品流向外地市场。

4. 暗中贿赂。经营者不得采用财物或者其他手段进行贿赂以销售或者购买商品。在账外暗中给予对方单位或者个人回扣的，以行贿论处；对方单位或者个人在账外暗中收受回扣的，以受贿论处。经营者销售或者购买商品，可以以明示方式给对方折扣，可以给中间人佣金。经营者给对方折扣、给中间人佣金，必须如实入账。接受回扣、佣金的经营者必须如实入账。

5. 虚假宣传。经营者不得利用广告或者其他方法，对商品的质量、制作成分、性能、用途、生产者、有效期限、产地等作引人误解的虚假宣传。广告的经营者不得在明知或者应知的情况下，代理、设计、制作、发布虚假广告。

6. 侵犯秘密。经营者不得采用下列手段侵犯商业秘密：

（1）以盗窃、利诱、胁迫或者其他不正当手段获取权利人的商业秘密；

（2）披露、使用或者允许他人使用以前项手段获取的权利人的商业秘密；

（3）违反约定或者违反权利人有关保守商业秘密的要求，披露、使用或者他人允许使用其所掌握的商业秘密。

（4）第三人明知或者应知前款所列违法行为，获取、使用或者披露他人的商业秘密，视为侵犯商业秘密。

（四）《中华人民共和国合同法》

《中华人民共和国合同法》是为了保护合同当事人的合法权益，维护社会经济秩序，促进社会主义现代化建设。合同法是调整平等主体之间的交易关系的法律，它主要规定合同的订立、合同的效力及合同的履行、变更、解除、保全、违约责任等问题。

（五）《中华人民共和国产品质量法》

为了加强对产品质量的监督管理，提高产品质量水平，明确产品质量责任，保护消费者的合法权益，维护社会经济秩序，制定了《中华人民共和国产品质量法》。

（六）《中华人民共和国劳动法》

《中华人民共和国劳动法》是调整劳动关系以及与劳动关系密切联系的社会关系的法律

规范总称。这些法律条文规定工会、雇主及雇员的关系，并保障各方面的权利与义务。

思考题

1. 新创企业可以选择的组织形式有哪些？对于大学生创业者而言，不同组织形式各有什么优缺点？

2. 新创企业成立的一般流程和所需的手续材料有哪些？

3. 新创企业需要承担的法律责任和保险有哪些？

第五章　新创企业战略管理

第一节　新创企业愿景与理念

伟大的愿景能够为企业提供一种强大的能量。对于新创企业而言，任何时候都需要有愿景的指导，一个没有愿景的企业，犹如没有目的列车，会在行驶中迷失方向。愿景概括了企业未来的目标、使命及核心价值，是企业最终希望实现的蓝图，它为新创企业未来成功点亮一座灯塔，让我们看清楚通向成功的道路不是追随，而是另辟蹊径，与众不同。

一、新创企业愿景

（一）企业愿景的含义

"愿景"是由美国管理大师彼得·圣吉提出的，他在《第五项修炼——学习型组织的艺术与实务》中提出构建学习型组织的五种修炼方法，其中之一就是构筑共同愿景。

何谓"愿景"？对企业而言，愿景是企业对未来的期望，它反映了两层含义：首先，愿景是源于内心想要实现的愿望；其次，愿景是要建立生动、可见的景象。

"共同愿景"（Shared Vision）是建立在个人愿景之上，是组织成员普遍接受和认同的共有愿景。共同愿景是众多个人愿景的集合，为企业提供前进的动力。

新创企业愿景就是企业全体人员内心真正向往的关于企业未来的一幅蓝图，是新创企业前进的方向、意欲占领的业务位置和计划发展的能力，是激励每个员工努力奋斗的企业目标。它具有激发内部成员强大的精神动力、塑造新创企业战略框架、指导管理决策的作用。

（二）企业愿景的内容

企业愿景包括核心信仰和未来展望两方面的内容。核心信仰是新创企业存在的根本原因，是企业发展长期不变的信条，是企业的凝聚力，激励着企业员工永远进取；未来展望代表新创企业努力追求的东西，它随着企业经营环境的变化而改变，二者如同八卦图的阴阳两极，相互对立统一，构成新创企业发展的内在驱动力。

核心信仰由核心价值观和核心目的组成。核心价值观是组织内成员的共识，是企业最根本、最持久的原则。例如，可口可乐公司的核心价值观是"自由、奔放、独立掌握自己的命运"；西门子公司的核心价值观是"要专注于我们的业务、倾听客户的需求和想法"。核心目的是企业存在的根本原因。例如，迪士尼的核心目的是"给人们带来快乐"；沃尔玛的核心目的是"给普通人提供和富人一样的购物机会"。

未来展望是企业未来 10—30 年欲实现的宏伟愿景和远大目标，要用生动鲜活的语言描述，才能激发员工的热情，吸引员工认同并完全投入。例如，福特把它"让汽车进入家庭"的远大目标，形象生动地描述成"我要为大众生产一种汽车……他的价格如此之低，不会有人因为薪水不高而无法拥有它，人们可以和家人在一起享受在广阔大地中驰骋的欢乐……牛马将会从道路上消失，汽车理所当然地取代了它……"。

二、企业战略理念

在经济全球化的宏观背景之下，企业之间的竞争日趋激烈，新创企业要想进入某个行业并谋求健康、可持续性的发展，必须要眼光敏锐，胸怀大志。对于新创企业而言，只有具备符合自身特色的经营管理战略理念，才能为未来的发展指明方向，在竞争激烈的市场中占有一席之地，获取市场份额，使得自己在市场竞争中稳步发展，甚至是居于"领头雁"的位置。

（一）企业战略理念的概念和结构

战略理念，是由企业创始人积极倡导，企业全体成员认同并实践，进而形成的代表企业秉承的信念、价值观，推动企业生产经营活动（包括其战略管理活动在内）的指导思想和行为准则。企业的战略理念通常结合企业自身所处的行业特点，并借助公司发展的宗旨、企业作风、基本经营方针、经营纲要等口号来表达。不同行业、不同企业，尽管战略管理理念表达的方式各不相同，但是，有两种表达方法具有通用性。

战略管理理念的第一种表达方式包括企业的价值观、企业使命、企业的行动规范三个方面。企业价值观，是企业全体员工在企业追求经营成功的过程中所推崇的基本信念和履行的行为准则，它是群体的共同信念和价值追求。例如，海尔公司的价值观是"敬业报国，追求卓越"，默克公司的价值观是"战胜疾病，协助人类"。企业使命阐明了企业存在的意义，明确了企业的发展方向和核心业务，揭示了企业存在的社会价值。例如，苹果公司的使命是"藉推广公平的资料使用惯例，建立用户对互联网之信任和信心"，惠普公司的使命是"为人类的幸福和发展做出技术贡献"。企业的行动规范，是由价值观所决定的企业经营行为，以及因此而产生的企业成员所特有的工作态度和行为方式，可以通过企业的制度法规、员工纪律、职业道德、工作作风、领导方式、团队精神等方面表现出来。例如，海尔公司的企业作风是"人单合一，速决速胜"；保利集团的工作理念是"睿智进取、激情坚韧，团结实干、忠诚奉献"。

战略管理理念的第二种表达方式包括企业经营方针、企业宗旨两个方面。企业经营方针是指企业最基本的发展方向，涵盖了企业秉承的基本文化、人事政策、所处行业的政策等基本政策。企业宗旨，也是企业使命的内容之一，它是规定企业去执行或打算执行的活动，以及现在的或期望的组织类型。企业宗旨所要回答的问题是企业将从事什么事业、用户是谁以及如何为用户服务。企业宗旨中顾客现实与潜在的需求决定企业的经营范围。例如，耐克公司的宗旨是"为世界上每一位运动员带来灵感和创新"，哈药集团的企业宗旨是"献身医药事业，造福人类千秋"。

（二）企业战略理念的形成方法

新创企业不同于发展成熟的企业，那些拥有几十年甚至上百年历史的企业的经营理念是在企业长期发展过程中不断积累经验、继承优良传统而丰富发展起来的。新创企业的战略理念形成需要企业创始人和经营者拥有足够的智慧和勇气，在经营实干中不断总结积累。新创企业战略理念的形成可以从以下三个方面做努力：

1. 对创业者的人生观与创业动机进行分析梳理。新创企业战略理念的形成必须依托于对企业创始人的人生观和创业动机的提炼。因此，需要弄清楚创业者基于什么理由创业，以及经营者以何种想法经营管理等，将这些问题考虑清楚并进行整理，有助于新创企业未来使命、宗旨和价值观等战略理念要素的确立。

2. 预测企业未来的战略理念与经营态度。新创企业如果已经发展了一段时间，需要对企业目前采取的经营理念、经营态度、政策制度、工作作风等进行调查，分析其是否受到企业大多数员工的认同，或是否符合现在的经营环境等。除此之外，企业还需要考虑的有社会环境和政府政策的变化，企业未来将在哪些方面对社会做出贡献，基于这些因素的考察可以为企业未来发展指明前进的方向。

3. 在企业经营过程中注意搜集信息、总结归纳。新创企业在经营活动实践中，尽管会面对多种困难和失败，但突破荆棘方显成功。企业创始人和高层管理者应注意提炼总结促进项目、事业成功的要素或原因是什么，这些原因是经过企业经营实践得以证明的成功法则，是企业最为宝贵的财富。因此，应该将这些成功的要素融入战略理念中，作为指导今后事业发展的指针。

第二节　新创企业使命与目标

美国管理大师彼得·德鲁克说："一个企业不是由他的名字、章程和条例来定义的，而是由他的使命和任务来定义的。企业只有具备了明确的使命，才可能制定明确而现实的战略目标。"综观那些能够基业长青的公司，都保持着稳定不变的核心价值观和核心目的，并将此作为企业适应外部环境变化的不变动力，从而成就了令世人敬仰的伟大事业。德鲁克指出，确定明确的企业使命应成为战略管理者的首要任务。

一、新创企业使命

（一）企业使命的概念

企业使命，是指企业在社会经济发展中所承担的角色和任务，是企业战略管理者为企业确定的较长时期内生产经营的总方向、总目的、总特征和总体指导思想。企业使命是在界定了企业愿景的基础上回答企业生存和发展的理由，它揭示了本企业与其他企业在目标上的差异，反映了企业力求为自己树立的形象，界定了企业的经营范围和服务对象，以及企业试图去满足的顾客需求。它回答这样一些问题：我们应该树立怎样的社会公众形象？企业的经营范围是什么？谁是我们的客户？等等。

企业使命包括企业哲学和企业宗旨两方面内容。企业哲学，是指企业在从事生产经营活动中所确立的基本信念、价值观和行为准则。企业哲学主要要回答与解决"本企业是什么企业"这一根本问题。企业宗旨，是指企业现在和将来应该从事什么事业，应该成为什么性质的企业。企业宗旨要解决的问题是：公司的产品和业务是什么？公司的顾客是谁？

企业使命的确定过程会使企业明确核心业务和发展方向，使企业发生战略性的变化，确定企业使命是企业战略目标制定的前提，是企业战略行动的基础，是有效分配和使用企业资源的基础。

（二）企业使命的构成要素

企业由于经营环境不同，在各自的使命陈述中内容、形式和构成要素等方面差异很大，即便是同一个企业，由于所处的发展阶段及内部资源和外部环境的变化，企业使命也会有所变动。在企业使命陈述的有效性的争论中，本书比较认同的是弗雷德·戴维的九要素结构，即优秀的企业使命描述，应该尽可能多地包括以下这些基本要素：（1）用户，企业的用户是谁？（2）产品或服务，企业的主要产品或服务是什么？（3）市场，企业在哪些地区开展竞争？（4）技术，企业的主导技术是什么？（5）对生存、发展和盈利的关注，企业是否努力实现业务增长？近期、中期、远期的经济目标和态度？（6）经营理念，企业的基本信仰、价值观、志向是什么？（7）自我意识，企业的长处和竞争优势是什么？（8）对公众影响的关注，企业对社会、社区和环境负责？（9）对员工的关心，企业是否重视员工，视员工为宝贵的资产？

（三）优秀企业使命表述的要诀

成长初期的新创企业使命的表述比较简单，大致局限在经营范围的陈述上。但是随着企业的发展，企业使命需要根据企业的发展和环境的变化逐步完善。一个有效的企业使命陈述应该是简单明确、可执行和可度量的，因此在企业使命陈述时应注意以下两点：

1. 企业使命陈述应是需求导向而不是产品导向。现代营销学奠基人之一的西奥多·莱维特提出，需求导向比产品导向更重要，企业经营应该看作是一个需求满足的过程，而不能看作是一个产品生产过程，产品是短暂的，而顾客需求是永恒的。立足需求概括企业使命，可以使企业围绕满足顾客不断变化的需求而开发出新的产品或服务，获得企业新的发展机会。

2. 企业使命陈述范围应宽窄适当。企业使命陈述得太宽或太窄都会给企业战略带来不利影响。陈述范围太宽可能在语言上模糊而显得空洞无物，不着边际，丧失企业的特色；也可能使企业分散资源，步入盲目多元化的陷阱。陈述范围过窄，会由于语言上的局限而失去指导意义，使其过于看重提供的产品或服务上，而忽略企业试图去满足的需求和欲服务的市场，从而限制企业的发展。

二、新创企业战略目标

企业的使命与愿景是抽象的，必须转化成明确的、可执行的目标，否则它们只是一些美丽的语句，是无法实现的梦想。新创企业的战略目标来源于企业的愿景、使命、价值观和战略规划。企业确定了使命和愿景后需要明确战略目标，这样才能使全体成员有方向地去奋斗，最大程度地实现企业使命和企业愿景。

（一）战略目标的内涵

战略目标是企业战略构成的基本内容，是企业为完成使命、实现愿景在一定时期内所要达到的预期结果，它的时限通常为 3—5 年甚至更长。它具有宏观性、长期性、相对稳定性、全面性、可分性、可挑战性、可接受性、可度量性、可检验性和现实性的特点。

战略目标是企业使命的定量化和明确化，是企业愿景的近期化和具体化，反映在一定时期内企业经营活动的方向和所要达到的水平，是新创企业管理者和员工的行动指南，规定了企业在特定时期要完成的具体任务，是衡量企业一切工作是否能实现其使命的标准。

新创企业的战略目标是企业经营管理的起点，基于时间的维度，新创企业的战略目标可以分解为企业年度目标、季度目标和月度目标，并形成从公司的高层管理者到基层员工自上而下的目标体系。企业战略目标作为企业分配资源的依据，可以根据战略目标和各业务单元目标来制定实现目标的详细计划，并分配相应的资源来支持计划的实施。

（二）战略目标体系的内容

企业战略目标实际上是一个目标体系，它由众多的目标和各种类型的目标组成。企业战略目标是多元化的，既包括经济性的目标，也包括非经济性的目标；既包括定量目标，也包括定性目标。正如德鲁克指出，每个企业都需要制定目标，并形成一定的目标体系，具体内容包括：市场目标、利润目标、资金目标、生产目标、职工积极性发挥方面的目标、技术改进和发展目标、人力资源和员工福利目标、社会责任目标。

一个企业的战略目标不局限于上述所列的各个目标，新创企业可以根据自身的战略方向选择的特点，对上述各类目标的确定进行适当的增减或取舍，从而形成适合自身发展的战略目标体系。

（三）战略目标的制定过程

企业战略目标的制定需要自上而下制定企业的长期战略目标、短期目标、各个业务部或战略经营单元的目标以及职能部门的目标。一个拥有多项经营业务的公司，企业目标制定的过程一般包括如下几个步骤：（1）目标制定过程以企业最高管理层宣布企业使命开始；（2）确定达到这个使命的长期战略目标；（3）将长期目标分解成可以分阶段实施的短期目标；（4）每个战略经营单位、主要事业部建立自己的长期目标和短期目标；（5）企业各职能部门，如市场营销、财务、研发、生产等制定自己的长期目标和短期目标；（6）这个目标的制定过程通过组织结构层次一直向下继续进行，直至个人。前三个步骤工作的开展、目标的制定和落实通常由组织高层管理者负责，第四步由各业务部的主要领导负责，第五步由职能部门领导者负责，第六步个人目标的制定由本人和所在部门领导负责。

对于新创企业而言，如果企业组织规模较小或组织结构单一（比如小微企业），那么制定企业战略的过程只需要进行一、二、三、六这四步即可。战略目标的制定要创新思路，更要因"企"制宜。

第三节　新创企业的战略制定

一、新创企业战略

（一）企业战略

1. 企业战略的含义

企业战略，又称公司战略，是企业面对激烈变化、严峻挑战的竞争环境，为求得长期生存和发展而进行的方向性谋划，制定的全局性指导纲领与原则。企业战略是在符合和保证实现企业使命的条件下，在充分利用环境中存在的各种机会和创造新机会的基础上，确定企业同环境的关系，规定企业从事的事业范围、成长方向和竞争对策，合理地调整企业结构和配置企业的全部资源。①

2. 企业战略的特点

企业战略就是用机会和风险来评价现在和未来的环境，用优势和劣势来评价企业现状，进而选择和确定企业的总体目标与长远目标，制定和选择实现目标的行动方案的过程。企业战略的特点可概括为：

（1）全局性和复杂性。企业战略是以企业全局为对象，根据企业总体发展的需要而制定的。它所规定的是企业的总体行动，所追求的是企业的总体绩效。虽然它也包括企业的局部活动，但这些局部活动是作为总体行动的有机组成部分在战略中体现的。企业战略的复杂性是由企业战略制定、执行、变更的考量因素的复杂性所决定的。

（2）长远性和风险性。企业战略是企业谋取长远发展要求的体现，是企业对未来较长时期关于生存和发展的筹划。虽然它的制定要以当时企业内外部环境和条件为出发点，并对同时期的企业生产经营活动有指导制约作用，但这一切也都是为了满足更长远发展的需要。战略的风险性是战略的指导作用以及一旦出现错误给企业带来的损失所决定的，既包括机会损失，也包括实际损失。

（3）抗争性和合作性。企业战略是企业在激烈的竞争中如何与竞争对手抗衡博弈的行动方案，同时也是针对来自各方面的冲击、压力、风险、威胁、困难以及迎接挑战的行动方案。企业战略不仅包括抗争性还有合作性，为了取得战略的胜利，企业不但要和竞争对手进行博弈，还要和上下游的企业形成互补和合作的关系。合作性执行得好坏将会直接关系到企业的生死存亡及发展的进程。

（4）系统性和层次性。企业战略是企业的总体目标和发展方向，以及所采取的行动方针、重大措施和基本步骤。从横向来看，企业战略是由部门战略构成的，各个分公司及其职能部门的战略共同构成企业的战略；从垂直来看，企业的战略还具有层次性，基层部门、中层部

---

① 该部分内容参考了《现代经济词典》关于企业战略的定义。

门和企业整体构成战略的金字塔。企业战略的完成是由横向各部门和纵向各层次的战略完成来保障的。

（5）战略的稳定性和动态性。企业战略是企业长期的指导性、纲领性文件，对企业的发展具有指导作用，因此对企业而言，战略一旦制定，就要在今后一段时间内执行，要有相对的稳定性，不能朝令夕改、随意变动，否则各部门及其工作人员会无所适从，导致混乱，浪费企业的资源，从而丧失了战略的指导作用。战略的动态性是由企业面对急剧变化的内外部环境所决定的，内外环境改变了，企业的战略也必须要及时调整，否则战略的指导性作用就会丧失，据此而采取的战略行为不但不能给企业带来收益，反而有可能是南辕北辙，甚至可能带来灭顶之灾。

（二）新创企业战略

1. 新创企业战略的含义

新创企业战略，是指新创企业面对激烈变化和严峻挑战的竞争环境，为获得生存和发展而制定的方向性谋划和全局性指导纲领与原则性的文件。

2. 对新创企业战略的理解

（1）新创企业的战略是客观环境和主观资源相结合的产物。新创企业也和其他企业组织一样自创立之初就要考虑客观环境条件，大到国家的政治、法律、经济、文化，小到该新创企业所处的区域环境，是否与相关的环境相适应；在环境允许的情况下，还需要考虑新创企业自身的资源，比如创业者的技能、经验、资金、人脉等，有没有擅长的领域，如有特定专长的合伙人或特定专长的员工也可考虑，主客观相结合的过程就是战略选择的过程。

（2）新创企业的战略是企业面对变化不定的环境和激烈竞争的产物。新创企业需要面对急剧变化的环境，如原料供应及价格变化、生产技术及工艺的更新换代、消费者兴趣偏好改变、强大竞争对手的出现等都有可能给新创企业带来风险。新创企业设立相对简单，门槛较低，绝大部分新创企业需要经历激烈竞争的洗礼，相当一批新创企业未能度过新创期就已倒闭或破产。因此，新创企业有没有应对这些情况的战略安排，对企业的经营发展具有重大影响。

（3）新创企业战略是企业经营发展层次性目标的产物。新创企业制定战略的目的有两个层次，首先是生存下来，避免在创立之初就被淘汰；其次是在能生存的前提下再谋求发展，并且越是长久的发展就越需要战略的指导。前者是基础和前提，后者是前者进一步的发展和延续。所以对新创企业来说，首要的战略目标是要动用企业的重大资源和能力求生存，然后才是谋发展。这就要求新创企业的战略在制定时应避免好高骛远、不切实际，失去战略对企业活动的指导作用，甚至造成不必要的混乱。

（4）新创企业战略是模糊性和坚定性的产物。新创企业在创设之初一般规模较小，组织结构和人员分工都较为模糊，要么没有专门的战略规划和管理人员，要么就是企业的创立者兼任。企业战略甚至都没有成文的，只表现为创立者模糊的认识或理念，外在表现为创立者在企业管理过程中的"言谈举止"，企业战略没有经历推敲、制定、细化、一致性检验的过程。但是，在新创企业发展过程中，企业创设人的战略理念经过试错、坚持、不断完善，一路走过来，成功的企业家到最后发现自己能够取得成功的初心就是"那个理念和想法"，并在适当的时候，这些理念转化了企业文化的一部分。

二、新创企业战略的分类

（一）按照战略实施的主体分类

按照战略实施的主体不同来划分，新创企业的战略可以分为公司战略、业务战略和职能战略。公司战略是新创企业整个公司层面的战略，是由公司高层制定和实施的全面战略。业务战略是以公司单一产品和市场为核心纽带的部门或部门全体作为战略执行主体的战略。职能战略是以公司某一部门作为战略执行主体的战略。三类战略依据执行主体在公司的地位高低又被称为战略金字塔形结构。

（二）按照新创企业战略的战略功能分类

按照新创企业战略的战略功能来划分，可分为增长型战略、稳定型战略和防御型战略。增长型战略是新创企业锐意进取、阔步前进的战略，可使企业在较短的时间内取得巨大的战略业绩。稳定型战略是在企业内外环境允许的情况下的一种战略选择，实行稳扎稳打、谨慎推进、防止冒进的战略形态。防御型战略是在经营环境不利的情况下，为减少利益损失或安全度过困难期的一种战略选择。一般的新创企业战略会倾向选择增长型战略，但是在创设企业后具体的经营环境很可能和创设前存在一定的差距，使得企业高层不得不改变企业战略进度甚至制定新战略。

（三）按照战略实施的周期分类

按照战略实施周期的长短可以把新创企业的战略分为短期战略、中期战略和长期战略。战略周期一般以一年和五年为界限进行划分，一年及其以内为短期战略，大于一年不长于五年的为中期战略，长于五年的为长期战略。因为现代社会经济发展变化速度越来越快，这对制定长期战略提出了越来越高的要求。为增加战略的有效性，新创企业应尽量避免使用长期战略，以选择中期战略为主，或者委托专门的战略咨询公司协助制定战略。如果新创企业选择的是中长期战略，每年应根据具体情况进行适当的修正和调整，以保证其有效性。

（四）按照战略是否成文分类

按照战略是否成文可分为不成文战略和成文战略。结合当前新创企业的实际，有相当部分的新创企业是没有明确的成文战略的。新创企业的战略分为三种形态：一是没有战略，创设人根本无法说清什么是战略，自己的企业战略内容是什么。二是创设人懂得什么是战略，有企业战略意识，能说清部分或全部战略内容是什么，但就公司层面或主要部门来说没有制定成文的战略，战略或部分内容只是存在于创设人或主要管理人员的头脑中，对创设人的公司管理行为有一定的指导作用。三是既能说清楚战略的内容，也有明确的战略文本，并按照战略来指导公司经营等各项活动。虽然新创企业的战略形态各异，但企业战略的制定是一个认真分析企业内外环境、明晰企业核心优势、找出短板和劣势的过程，因此一个切合实际的战略对企业经营成功有着重要的作用。

三、影响新创企业战略的因素

影响新创企业战略的主要因素涉及外部政治环境、经济环境、文化环境、法律环境、企业形态、创设人的性格和经营理念、行业经营态势、技术变化速度、消费者的兴趣偏好及其选择、产业配套区位优势、时代机遇的把握等几个方面。

（一）外部的政治、经济和文化环境

对于新创企业来说，企业战略不能不受一定的政治、经济、文化等大环境的影响。其实任何企业都要在一定的环境下才能得以存在和发展，因为政治、经济、文化是其中必不可少的重要组成部分，是否符合政治、经济、文化的需要也是新创企业经营能否取得成功的重要条件。比如，中国改革开放后，开放的氛围刺激了经济的发展和普通人创业的欲望，20 世纪八九十年代第一批民营企业应运而生。

（二）法律和政策环境

新创企业应该合法设立，合法经营，遵纪守法，否则很有可能为企业的发展埋下隐患。虽然中国的法律环境大致相同，但在广阔的地域内，国家层面上采取了不同的创业创新优惠与便利政策。比如，东部优先发展和西部大开发政策等，就为符合政策的新企业的创设提供了巨大的有利条件。即便是地方政府，也采取了不同刺激政策，比如，20 世纪 90 年代的辽宁和广东，对民营经济的发展实行了不同的激励政策，对创业人创业的激情、动力和战略的制定等肯定会有不同的影响。

（三）企业法律的形态

企业形态，即企业创设和发展过程中只能选择法律法规规定的企业组织形式，而不能随意创设。公司是典型的企业法人，个人独资与合伙企业是非法人企业。新创企业形态一般有三种选择：个人独资企业、合伙企业和公司。企业战略的制定是投资人权利和意志的体现，这既是一个利益博弈的过程，也是一个相互影响的过程。个人独资企业的战略是对单一投资人权利和意志的最好体现；合伙企业战略是合伙人之间权利博弈的结果，是综合利益的最佳设定；公司是所有投资人利益在每个投资人对企业发展贡献基础上的平衡。从权利和责任的平衡上来讲，最好的选择是公司制形态。

（四）创设人的性格及经营理念

企业创设人往往在创业时选择自己相对熟悉的领域，因此创业者之前的人生阅历和经验会在新创企业的战略上得到很好的体现。成功的经验、失败的教训、创业者的性格和经营理念都对新创企业有一定的影响。急性子的创业者制定的战略很可能是进取型战略，慢性子的创业者制定的战略容易是稳定型战略。经营理念是创业者追求企业绩效的依据，是顾客、竞争者及职工价值观与正确经营行为的确认，并在此基础上形成企业基本设想与科技优势、发展方向、共同信念和企业追求的经营目标。经营理念是在企业资源已定的情况下，优先考虑满足哪部分人的利益来创造绩效，完成经营的目标。经营理念作为企业追求绩效的依据必然要在战略中得以体现，所以创设人的经历、性格和经营理念也在一定程度上决定着战略的内容，是影响战略的主要因素。

（五）行业经营态势

新创企业可以经营的行业和领域虽然是十分广泛的，但这些行业和领域的发展态势却是有很大差距的。比如，前几年中国经济快速发展时期，煤炭行业有着丰厚的利润回报，就宜大胆进取，应该采取增长型战略；这两年煤炭行业产能过剩，面临着去产能，经济发展对能

源需求增长前景不明朗，行业不景气，就应调整战略或制定稳定型战略，甚至是防御型战略。新创企业要根据具体的行业形势选择制定不同类型的战略。因此，行业发展态势也是影响战略的重要因素。

（六）技术变化速度

当今世界是技术主导产品和服务的年代，互联网、智能化、工业 4.0 对当今及今后新创企业的生产和服务一定会有重大的塑造功能。技术更新速度越快意味着建立在一定技术基础上的产品或服务从其投放到被淘汰的时间就会变得越来越短，也就是产品或服务周期缩短，这就要求企业加速战略兑现，尽快让消费者接受产品或服务，加速收回投资并达到利益最大化。因此，战略对技术的升级换代就有了更高的要求和准确的预测。比如，现在的手机市场就很具有典型性，苹果公司的手机技术周期已缩短至一年左右，随着新产品的投放老产品就会被取代。所以，一个新创企业必然要面临技术进步的考验，在企业的战略中一定要对技术发展、设备引进等内容有合理的安排。

（七）消费者的兴趣偏好及其选择

每个企业在产品或服务的提供上都有一定的能力边界，尤其是新创企业一般规模较小，财力有限，经营的产品和提供的服务相对单一，更易受消费者偏好的影响，这对新创企业的战略安排提出了较高的要求。新创企业在筹备设立时，对经营方向、服务理念、地域范围等方面尽量在认真分析的基础上制定出合理的战略。消费者的消费偏好是变化的，尤其是和时尚元素关系密切的服装、电子产品、化妆美容、健身保健等行业，要随时关注消费者偏好的变化方向，对消费者偏好做出积极的回应。另外，也可采用适当的营销方式来引导消费，变被动为主动，把握主动权。

（八）产业配套区位优势

由于新创企业的规模一般较小，从产业链的角度来看，如果能够成为某一大型企业甚至是集团公司产业链上的一个组成部分，包括原材料、零部件、配套设施的提供商或者销售商、售后服务商以及业务外包商等，都能搭上发展的快车道。"背靠大树"的发展优势无疑是非常明显的。只要产品或服务的质量过硬，就不必担心市场，还可以减少市场开拓的成本费用，提高新创企业生存和发展的能力。另外，新创企业的区位选择也需要面临外部规模经济效应的影响，一定的产业集聚能带来大量的客户、潜在的消费者，而不需要增加太多的广告、宣传、推广等方面的成本。

（九）时代机遇的把握

时代机遇的发现及允分利用为企业发展提供了不可替代的良机，并且企业若把握得好，不但能生存下来，而且会有巨大的发展前景。例如，英国的巨型集团企业大多发端于第一次工业革命，美国的几大财团基本上始于 19 世纪末、20 世纪初的几十年，美国互联网技术（IT）业巨头大多是 20 世纪六七十年代产生的，虽然当时这些新创企业并不一定是刻意迎合了时代的需要，但毫无疑问时代需要对这些企业能够发展成为今天的规模是有巨大影响的。又如，在中国，几大互联网公司基本上都是 20 世纪 90 年代产生的，网络在那个时期刚刚进入中国，有着巨大的消费需求，而这些企业的创业者利用自身知识和创业意识抓住了机遇。

综上所述，一个新创企业制定战略时，必须考虑外部大环境、法律政策、时代机遇、行业发展、技术变化等方面因素的影响，也需要考虑创业者自身技术、资金、客户、营销渠道、经营理念等小环境因素的影响，战略的制定是各种因素综合影响的结果，这是一个很复杂的过程。

四、新创企业战略分析的方法

企业战略分析的工具主要是 PEST 分析、五种力量模型、利益相关者分析、竞争者分析、价值链分析、SWOT 分析法六种。

（一）PEST 分析法

PEST 分析法是一种分析企业战略宏观环境的主要方法，PEST 是由政治（Political）、经济（Economic）、社会（Society）和技术（Technology）四个英语单词的首字母组成。通过对这四个方面因素的分析，可以从总体上把握企业存在的宏观环境，并评价这些因素对企业战略目标和战略制定的影响。从这四大因素又可细化出很多具体指标，为进一步分析各行业或地域环境，在 PEST 的基础上也产生出了很多变式。对于新创企业尤其是大多数小型企业，只要与大的环境不相背离就行，一般新创企业也没有对这些因素进行细化和分析的能力，太过复杂反而不利于战略分析和制定出较好的战略。

（二）五种力量模型

五种力量模型分析法，是由美国著名战略管理学家迈克尔·波特（Michael Porter）于 20 世纪 80 年代初提出的。波特认为，行业中存在着决定竞争规模和程度的五种力量，这五种力量综合起来影响着产业的吸引力。五种力量分别为进入壁垒、替代品威胁、买方议价能力、卖方议价能力以及现存竞争者之间的竞争。相对于 PEST 分析法，该方法对新创企业会更具实用性，它主要是对新创企业所在行业进行分析，缩小了分析的领域，减少了大量的信息工作，复杂性和使用难度大大降低，有利于企业使用。

（三）利益相关者分析法

利益相关者分析法，通过分析一个企业的内外部利益相关者，来对战略环境进行分析，从而制定对各方利益都能兼顾的战略，以获得相关利益者的支持，达到利益最大化的方法。对一个新创企业而言，利益相关者主要包括企业投资人、管理人员和员工，以及外部的产品或服务的接受者、销售商、合作者、竞争对手及政府。这种方法对中小型企业的战略分析较为实用，能较好地照顾到相关各方的利益，有利于解决企业经营中遇到的实际问题。

（四）竞争者分析法

竞争者分析法，是指通过某种分析方法识别出企业的竞争对手，并对其目标、资源、市场力量和当前战略等要素进行评价，目的是准确判断竞争对手的战略定位及发展方向，并在此基础上预测竞争对手的未来战略，评价竞争对手对本企业战略行为的反应，研判竞争对手在实现可持续竞争优势方面的能力。该方法比较适用于新创企业，因为新创企业在创设之初规模较小，产品或服务辐射的区域有限，如果在较小的区域内有众多强有力的竞争者，会使新创企业的生存和发展面临巨大的压力，在利用竞争者分析法分析的基础上，采取积极有效的战略就是企业生死存亡的大事了。

（五）价值链分析法

价值链分析法也是由美国著名战略管理学家迈克尔·波特提出的，是一种寻求确定企业竞争优势的战略分析工具。该方法运用系统性方法，对企业内部、外部纵向和竞争对手的各项活动及其相互关系从价值链角度进行分析，从而找寻具有竞争优势的资源。价值链分析法有利于通过对企业活动及其相互关系的分析，明确企业利润的来源、在整个产品或服务的价值链中处于何种地位、相对于竞争对手拥有哪些优势资源，从而为战略的制定奠定基础。

（六）SWOT 分析法

SWOT 分析法是当前最常用的战略分析方法，该方法是将与研究对象密切相关的各种主要内部优势、劣势和外部的机会与威胁等，通过调查列举出来，依照矩阵形式排列，并用系统分析的思想，把各种因素相互匹配起来进行分析，从中得出一系列相应结论，其结论通常就是战略制定的基础。

以上几种方法各有利弊，都对新创企业的战略分析及其制定有一定的帮助，各个新创企业可以根据自身情况对分析方法进行选择性使用，也可采用两种以上的方法进行分析，以便提高战略制定的准确性。

五、新创企业的战略制定步骤

在利用战略分析方法对企业内外部环境的优势、劣势、机会和威胁等进行分析的基础上，对企业的状况有了较为清晰的认识，对于战略的相关内容有了一定的把握，接着就转入了战略制定的过程。战略制定的过程主要有这样几个步骤：

第一步，战略分析及预测。在选择战略分析方法的基础上，明确新创企业的战略优势、劣势，找出竞争对手及其优劣势，预测外部环境的战略机遇和威胁因素是什么。在战略分析的基础上，对未来一段时间内，企业内外环境变化、优劣势变化、机遇威胁出现与否以及对企业的影响应进一步明确。在这个阶段尽可能地集思广益，以便准确把握未来的变化，这是战略制定合适与否的基础。

第二步，战略目标的确定。在战略分析和预测的基础上，明确了内外情况之后，就需要对企业的整体战略状况有一个清晰的认识，以确定企业战略目标。当然战略周期的长短也会影响目标的确定。战略目标的确定应该是定性目标和定量目标的结合，另外战略目标既不应太大，如果太大，经过努力也实现不了，员工就会产生挫败感；也不应过小，过小就会轻轻松松实现而失去战略的竞争价值。因此，合适的战略目标应是经过企业全体人员齐心协力的工作能实现的目标。

第三步，挑选战略对策。在战略制定中，有很多经过分析找到的问题，到第三步时就需要对这些问题找寻解决的办法。由战略的创新性所决定，为解决问题找出最佳方案很重要，前提是要尽可能地找到解决问题的所有方案，然后对这些方案按照一定的标准进行评估。关于评估方法有定量、定性及定性定量相结合三类，也可用两种以上的方法对这些备选方案进行评估，找到最佳方案。在每一个问题都找到了最佳方案的基础上，需对整体战略问题的解决方案进行评审，以达到整体最佳的效果。

第四步，确定战略实施主体及协调机制。战略是企业运用自身全部资源获取效益最大化的行动方案。战略的每一部分内容都应该明确其执行主体，该主体能动用资源的权限有多大，需要承担的责任是什么，需要哪些部门或人员的配合，部门间的利益或矛盾该如何协调整合，谁有权力运用何种方式协调战略实施过程中出现的问题等。尽量做到每个部门都是战略实施的主体，战略中的每部分内容都有执行主体。

第五步，细化战略内容，确定各部门的权责范围。在战略基本内容确定的基础上，还需要把战略的内容细化，使之具有可操作性，即建立相应的组织机构，配备合适的人员，确定相应的权责和隶属关系，建立相应的协调机制，并配备工作人员。在细化战略的过程中，建立起一套具有可操作性的工作标准并体系化，作为衡量战略是否实现及其实现程度的依据。在组织机构建设上，中小企业部门分化不充分，一般应实行宽范围的"大部制"。在规模较大的新创企业中，部门较多，易产生部门矛盾，化矛盾、促和谐、减内耗就愈发显得重要了，所以要强调确定部门权责范围。

第六步，批准实施。战略对一个现代企业的重要性不言而喻，所以任何一个新创企业战略的制定都应是慎重的。细化并建成一系列标准的战略要经过新创企业具有权限或其授权的组织或人员批准，方能作为组织的"基本法"来发布实施。对新创企业而言，企业战略的制定本来就是创始人意思的表示，甚至创始人全程参与其中，战略的很多内容都是在他的主导下确定的，战略的批准并不难，困难的是战略的执行问题。

第四节　新创企业战略执行和变更

一、新创企业的战略执行

新创企业战略执行的程序：

第一步，执行前的准备。战略制定好之后，为便于执行，需要把战略目标进行分解，做到每一个部门都是战略执行的一部分，每个员工的工作目标都是战略完成的保证，战略的每一项内容都应有相应的部门或人员执行，做到没有无人员的目标和无目标的人员。另外，为减少战略执行过程中的阻力，对战略的目标、过程、资源、方法等进行宣传、培训、解疑是必要且行之有效的方法。为保证战略执行，对组织架构、人员等进行必要的调整也是保证措施之一。

第二步，锁定责任。战略执行过程中为调动各部门和人员的执行积极性，不仅可以使用激励手段，也可以紧紧锁定责任，每个部门和人员在战略执行中不仅有一定的责任，还会有与之相应的权利，以激发这些人员战略执行的积极性。利用目标分解的过程明确划分责任，让员工知道实现不了战略目标应当承担什么样的责任。有责任感的员工是战略圆满完成的保证，而责任的锁定正是激发员工创造性地完成战略目标所不可或缺的。

第三步，制定行动计划。根据战略周期的长短和实现战略目标的先后顺序，制定合理的行动计划是战略顺利完成的前提，也是分配有限资源、保证战略目标优先顺序的基础。战略行动计划也是规范整个企业行为不偏离战略目标，协调各部门在战略执行中"各自为政"甚至"相互拆台"等不能较好配合的问题的有效措施。行动计划应尽量做到详细，尤其是重点战略的关键时间节点的安排更要有战略资源的保证，不然一步跟不上则步步跟不上，从而导致整个战略计划"泡汤"。

第四步，绩效跟踪检查。以前的战略执行更注重结果而忽略战略执行的过程，导致部门或人员之间欠缺公平，使战略执行的员工满意度深受影响。现在的战略执行，除了重视结果之外，把关注的重点转向了战略执行过程，通过过程的公平保证结果的公平。关注战略过程还可以及时发现战略执行中出现的问题并进行干预，使之按照计划的要求及时调整进度、改变方法，以最终保证战略的实现。

第五步，绩效考核。在战略执行过程中或战略周期结束后，要对各个部门及其相关人员进行绩效考核，并依据考核的结果进行奖罚和人员调整。新创企业的绩效考核往往流于形式，并且考核的过程很难做到公平、公正，这不利于今后战略的执行，破坏了战略执行的文化环境，破坏了企业的正能量，高层管理者对此应予足够重视。

第六步，战略评估。战略评估是利用相关方法对战略执行中所获取的信息与战略设定的目标或细化的标准进行比较，找出战略执行情况和战略标准之间的差距，分析原因，并对所制定的战略效果做出评价。战略评估事关已执行战略或新战略的制定，是战略管理成败的关键。

二、新创企业战略执行中常见的问题

1. 战略制定后束之高阁。战略制定只是个形式，战略制定后包括企业高层都没有要执行的意思，企业战略只是进了柜子、上了墙，做给别人看的；或者在战略制定好之后，发现战略和现实之间差距太大，没有可执行性，从领导层到管理者都不再按照战略的要求去执行。

2. 战略制定后没有做好战略执行的准备。战略制定后到执行前，一般需要一个宣传、培训、解疑的过程，同时设置战略管理部门，设立各个战略执行主体，配备合适的人员，授予一定的权力，赋予一定的职责，以及给予执行战略所需要的相关权利。这项工作做得好，可有效减少战略执行的阻力；做得不好，就会导致战略执行困难重重、阻力层出不断。作为新创企业的管理层一定要重视战略执行的准备工作。

3. 战略执行缺乏标准或无法有效地收集真实数据。战略制定后需要把战略进行细化成为一系列的指标体系或标准，有利于战略执行过程中比较和衡量，并根据这些指标、标准和真实数据进行比对，找出标准和现实之间的差距，并分析出这些差距产生的原因，为战略调整或变更提供依据。有些新创企业要么战略制定的过程中定性内容较多，量化不够，导致即便是收集到了相关数据也难以比对；或者企业受一定的条件限制，根本无法收集到全面、真实的数据，对战略执行的情况没法做出准确的判断。

4. 战略执行中因种种原因导致战略目标无法实现。战略执行中，因为战略目标设定不合理、外界环境的重大变化、部门利益、人员能力等原因，可能会使战略执行的情况不尽如人意。战略管理者面对这种情况该如何处理呢？管理者应立即启动战略评估机制，根据实际情况和标准之间的比对，分析其原因，并依据不同原因做出是否对战略进行调整或变更的决定。

三、新创企业战略变更

（一）战略变更

战略变更就是在战略评估基础上，对原有战略进行重大调整或放弃原有的战略重新制定战略的过程。战略评估的结果一般是三个：战略不需要重大调整继续执行；战略变更后继续执行；原战略不再具有执行价值，需重新制定战略。后两种情况都属于战略变更。战略变更是战略评估的结果之一，也是战略管理的重要内容。

（二）新创企业的战略变更

新创企业的战略变更，就是新创企业进行的战略调整和在原有基础上放弃未执行的战略，重新制定战略的过程。由于新创企业战略制定时受技术、条件等限制，在战略的执行过程中，战略变更的可能性会很大。当战略出现核心战略指标和实际发展情形严重不符，经过企业内部的资源调整也难以完成，或经济形势等发生重大转变，原有的战略目标已没有再执行的价值时，需要对战略进行变更或放弃原有的战略，重新制定新的战略。当然，随着战略变更的出现，新创企业也面临着企业经营目标、组织结构、人力资源的重大调整。一旦企业战略变更，战略管理将进入新的循环。

思考题

1. 新创企业怎样树立自身的使命、愿景？
2. 试说明企业愿景、使命、目标之间的关系。
3. 怎样理解企业战略从制定、执行、变更到新战略制定的循环发展过程？

第六章 新创企业组织管理

第一节 新创企业组织特性

一、组织的含义

提到组织一词，我们会想到的是学校、企业、政府部门等，这些是作为名词使用的，名词的组织是指，按照一定的宗旨和目标建立起来的集体或团体。组织一词还可作为动词使用，是指组织工作，即对组织的资源进行合理的配置。

管理学中对组织概念的定义，不同的学者从不同的角度予以阐述。本书采用美国教授理查德·达夫特为组织下的定义。所谓组织，是指这样的一个社会实体，它具有明确的目标导向和精心设计的结构与有意识协调的活动系统，同时又同外部环境保持密切的联系。随着时代的发展，组织发生了一些变化，这些变化也挑战着原有组织的含义，本书结合传统理论兼顾组织的新变化来分析新创企业的组织管理。

二、组织的构成要素

所谓组织的构成要素，就是构成组织所不可缺少的成分和内容，管理学家对组织的构成要素提出了很多见解，本书根据组织的性质，把组织的构成要素确定为组织环境、组织目的、管理主体和管理客体。

（一）组织环境

任何组织都不可能是孤立存在的，它总是处在一定的环境之中，并在与外界环境不断地相互交流、相互作用的过程中发展壮大。组织的开放性是组织稳定存在的条件，也是组织不断发展的前提。因此，新创企业的管理者要重视环境因素，在新创企业的管理过程中，必须要考虑组织外部经济、政治、技术等环境的不断变化，使组织的内外要素互相协调。

（二）组织目的

组织目的是组织的成员都认同的愿望。组织的目的确定后，组织的一切活动都要围绕组织的目的展开。因此，组织目的是组织管理活动的出发点和归宿点，当然不同的组织目的是不同的。对新创企业而言，其目的是提供让用户满意的商品或服务，从而为企业获得尽量多的利润。

（三）管理主体和管理客体

管理主体也就是管理者，是指拥有相应的权力和责任，从事管理活动的人或机构。管理客体是管理过程中，管理主体所能预测、协调和控制的对象。管理主体和管理客体之间形成相互联系和相互作用的关系，这种关系是通过组织这一形式而发生的，管理主体领导管理客体，管理客体实现组织目的；而管理客体对管理主体又有反作用，管理主体根据管理客体对组织目的的完成情况，调整管理主体的行为。

三、组织的分类

组织的分类方式有很多种，下面介绍几种与新创企业相关的分类方式。

（一）小型组织、中型组织和大型组织

按组织规模分类，可分为小型组织、中型组织和大型组织。所谓组织规模，主要是指组织人数多少，比如，企业可以分为小型企业、中型企业和大型企业，而组织规模大小是决定管理模式、组织结构的因素之一。

（二）正式组织和非正式组织

正式组织，是指组织内部存在着正式的任务分工、人员分工和制度，例如，政府机关、学校、企业等都属于正式组织。非正式组织，是指组织的内部既没有确定的机构分工、任务分工和固定的成员，也没有正式的组织制度等，比如，学术沙龙、文化沙龙、业余俱乐部等。正式组织和非正式组织的区别在于是否程序化，即是否程序化地设立、运作、解散等，正式组织更多地体现为程序化特征，而非正式组织更多地体现为非程序化特征。但在正式组织内也会存在非正式组织，比如，企业内部有营销部门、生产部门等正式组织，也可以有乒乓球友、棋友等非正式组织。在一个正式组织的管理活动中，应特别注意非正式组织的影响作用，对非正式组织的管理将会影响到正式组织任务的完成和组织运行的效率。

（三）实体组织和虚拟组织

我们通常所说的组织是指实体组织，而虚拟组织是社会及组织发展到一定阶段，特别是数字化网络出现之后，才得以全面发展。虚拟组织不同于实体组织的表现有：（1）组织结构的虚拟性。组织只从事自己擅长的、核心的管理与经营活动，组织内部的一些其他职能以一定的形式转移给组织外部承担。（2）组织人员的虚拟性。组织内部的人员也可以不归属于该组织，可能属于其他实体组织，比如某管理顾问公司的咨询人员，可能是某大学的教师。（3）办公场所的虚拟性。实体组织一般都有较为固定的办公场所，而虚拟组织可以没有集中的办公场所，员工可以在家办公，可以在不同地区工作，甚至是在不同的国家办公。在互联网快速发展时期，实体组织的企业也可以在一定程度上利用虚拟组织来实现企业的目标。

四、新创企业的组织特性

新创企业的组织和那些具有很长的发展历史、发展相对稳定的大中型成熟企业相比较来看，还是有些不同的，因此，要对其组织的特殊性进行分析。第一，新创企业组织的构建是在创业团队的基础上发展的，因此，组织成员拥有共同一致的组织目标，成员充满创业热情，成员之间几乎处于完全信任状态，即相信其他成员拥有完成工作所必需的专业技能以及正直

和诚实的品质，能够完全投身于工作当中，愿意与其他成员合作，共同完成组织目标。第二，与成熟的企业相比较来看，新创企业规模较小，组织结构较为单一，组织结构以直线型和职能型最为常见，正规化程度不高，组织结构扁平化，经理与员工之间没有组织结构的障碍，管理者可以直接深入一线，普通员工也可以直接与管理者对话。第三，新创企业组织由于组织内部的成员较少，成员内部还没有高度的专业化分工，员工更多的是一专多能，工作职责广泛交叉，创业者常常既是管理者又是技术或市场的业务员。第四，新创企业存在着非正式沟通渠道，成员之间有更多的机会了解、沟通，因此，企业内以团队的形式工作很普及，将团队内部的各种资源建立起关系网络，以团队为基础来解决组织问题。第五，新创企业的组织更为灵活，企业能较快地适应技术革新的需要，迅速地对外部环境的变化做出反应，有利于组织创新活动的开展。

第二节　新创企业组织结构设计

一、基本概念

（一）组织结构

组织结构，是组织成员为实现组织的目的而进行分工协作，在职务、责任、权利等方面所形成的结构体系。对于新创企业而言，组织结构是实现企业目标的一种手段，主要内容包括：（1）职能结构，是指实现组织目标所需要完成的各项业务工作及其比例和关系；（2）层次结构，是指企业管理层次的设置及其相互关系，亦称为纵向组织结构；（3）部门结构，是指企业在同一管理层次上所设置的部门、单位及其相互关系，亦称为横向组织结构；（4）职权结构，是指各层次、各部门、各岗位的职责与职权的配置及其相互关系。

（二）组织结构设计

组织结构设计，是指为实现组织的目标而对组织结构进行规划、设计、创新或优化。

新创企业首先要设计组织结构，只有设计一个合理有效的组织结构，才能保证组织目标的实现，而组织设计不是一成不变的，它是一个动态的管理过程，具体包括以下几个任务：（1）根据组织的性质与特点进行部门的划分，并确定组织对各部门、人员活动的协调方式；（2）设计职务类别与数量，确定管理层级，确立组织中权力、地位和等级的正式关系，即确立组织中的职权系统；（3）设计各管理职位之间的权责义务关系，并确定组织内各部门和人员之间的正式关系和各自的职责。

二、组织结构设计的基本原则

组织结构设计是对组织结构进行系统的、整体的设计工作。组织结构设计的过程存在一些基本原则，这些基本原则为组织设计提供了既有效率又有效果的指导作用。当然这些基本原则在运用过程中也要与新创企业的实际情况相结合，既要坚持原则，也要避免过于死板。

（一）分工协作原则

分工就是把组织的目标分解落实到各个部门、各个层次和各个成员，并明确规定各部门、各层次和各成员的工作内容和工作范围，这样整项工作就被分为若干步骤，每一步由一个人来承担。分工的好处是，可以使组织的绩效提高，并强化个人专项技能。对于新创企业而言，如果规模较小，成员不多，分工达不到高度专业化，也要注意分工不宜过粗，分工过粗容易产生互相推诿的现象；同时有些职位也是不能兼顾的，比如，出纳和会计就不能由一人兼任。

（二）指挥统一原则

指挥统一是指组织能保持一条持续的职权线，上下级之间的权力、责任和联系渠道必须明确，一个下级只接受来自一个上级的命令，也只向一个上级汇报工作。统一的指挥可以提高组织的绩效，保证组织目标的实现，在组织设计中如果没有贯彻这一原则，会出现多头领导和政出多门的现象，导致下属产生矛盾和冲突，进而抑制员工的积极性和主动性，造成组织效率损失。而新创企业在创业初期组织结构比较简单，创业者或经理不仅指挥部门负责人，还可能和部门负责人一起指挥普通员工，这时就要注意命令发布的一致性，不要出现指挥矛盾。随着企业规模的扩大，仍要逐渐贯彻指挥统一原则。

（三）权责对等原则

权责就是职权和职责。权责对等，是指每一职位既要赋予其具体的权限，又要对该职权设置相对应的职责范围。也就是说，组织设计中明确了某一岗位的权利，即这一岗位能使用人力、物力、财力的权利，同时也要规定这一岗位需要承担的任务和责任。新创企业在人员较少时会出现工作职责交叉的情况，但应注意职权和职责要对等。如果职权大于职责，会导致职权的滥用；而如果职权小于职责，会导致指挥失灵。

（四）管理幅度适当原则

管理幅度，是指一个管理者直接管理和监督的人（或部门）的数量，[①]企业的管理幅度与组织中管理层次的数目及管理人员的数量有关。在规模相同的组织中，管理层次越多，管理幅度越窄，管理人员增加；而管理层次越少，则管理幅度越宽，管理人员也减少。管理层级的多少和管理幅度的宽窄各有优缺点，层次多而幅度窄，管理者需要协调的关系少；但是层次多会导致信息传递失真。而层次少幅度宽，可以加快信息传递，但管理者需要协调的关系增加，不能完全充分有效地对下属进行指挥和监督。新创企业要根据企业的实际情况设计适当的幅度。值得注意的是，在当今计算机技术快速发展的时代，组织的管理幅度也发生了变化，组织中的中层逐渐被计算机替代，使得管理幅度变宽和管理层级变少。

（五）稳定性和适应性原则

组织结构保持相对的稳定性可以为企业的正常运行提供保障。因为企业运行需要一个适应过程，而组织结构的变动会涉及人员、岗位、责权等各方面的调整，会给员工的情绪和工作带来一定影响。但是组织结构也不能是一成不变的，因为企业内外部的环境会不断地变化和发展，所以，组织设计的一个非常重要的目标就是提高组织适应环境的能力，在不断变化的环境中获得生存和发展的空间。新创企业虽然组织结构会相对简单稳定，但是现今技术不

---

① 大多数的管理学家认为，一个企业高级、中级管理者的有效管理幅度为3—9人（或部门）为宜，而低层级管理者的有效管理幅度则可宽些，甚至可以达到30人。

断进步，经济环境变化多端，所以，也要时刻保持警惕，要不断地对自身的组织结构和组织运行进行优化，以适应环境的变化。

三、组织结构的设计程序

新创企业组织结构的设计要更多地体现组织职能特色的设计，一般而言，可以参照以下几个步骤进行：

第一步，确定企业目标。分析企业所面临的外部环境和内部条件，明确企业的总目标及各项具体目标。

第二步，设计职能。根据企业的目标来确定企业应具备哪些基本的职能与结构，包括企业的经营职能和管理职能的设计，如企业的市场研究、经营决策、产品开发、质量管理、营销管理、人事管理等职能的设计。

第三步，设计部门。根据企业的职能进行部门设计，部门设计主要包括企业管理层级的确定和企业管理部门的划分。首先是管理幅度和管理层级的设计。管理幅度的大小，意味着上级领导直接控制和协调的业务活动量的多少，因此，管理幅度既与人（领导和下属）也与业务活动的特点有关。一般情况下，领导能力越强，下属越独立，管理幅度越人；反之，则应减少幅度。而业务程序标准化越高，管理幅度越大；反之，管理幅度越小。管理层级可以按照企业纵向职能分工确定，并且与管理幅度成反比，在确定管理幅度的情况下，可以计算出具体的管理层级。其次是部门设计。部门是指组织中主管人员为完成规定的任务将人员编成其有权管辖的一个特定的领域。部门应根据企业的实际情况，如按产品、地区、职能、顾客等来划分。

第四步，设计职权。职权的设计是各层次、各部门在权利和责任方面的分工。职权设计要求，首先，每个部门必须确定一个人负总责并进行全权指挥，因此正副职之间不是共同分工负责的关系，而是上下级的领导关系，并由正职确定副职的管理范围和相应的权责；其次，每个部门和每个人都只接受一个直接上级的领导，并仅对该上级负责和报告工作；最后，一级管理一级，从企业最高领导起，按照领导与被领导的关系，逐级委任职权。

第五步，职务设计。职务设计就是在工作任务细分的基础上，给员工分配所要完成的任务，并规定员工的责任和职责。

第六步，联成一体。确定各部门之间的相互关系、部门间信息沟通和相互协调方面的原则和方法，把企业形成一个能够协调运作，有效地实现企业目标的管理组织系统。

四、常见的组织结构

企业在面对不同的规模、发展阶段和外部环境等因素时，会选择不同的组织结构，下面介绍几种常见的组织结构，并进行简单的评价。

（一）直线型组织结构

直线型组织结构是企业发展初期规模较小时的一种简单的组织结构模式，有二到三层的层级，权力集中于总经理一人手中，不设立专门的职能机构，自上而下地形成直线式的领导关系。直线型组织的优点是，结构简单，责任分明，内部协调容易，信息沟通迅速，管理效率比较高；缺点是，没有专业的管理分工，过于依赖总经理一人的管理能力。当企业规模扩大时，管理工作会超过总经理所能承受的限度；如果总经理出现决策失误，会给企业带来严重损失，甚至是倒闭。新创企业发展初期规模较小、员工较少时，可以采用直线型组织结构。

（二）职能型组织结构

职能型组织结构是在直线型组织结构的基础上，在总经理之下设置相应的从事人力、财务等专业管理的职能部门。但是在权力分配方面，职能部门只有参谋权，而无直接对下的直线职权。职能型组织结构的管理系统分为两类：一类是直线管理人员，在自己的职责范围内有一定的决定权和对下属的指挥权；另一类是参谋人员，为直线管理人员提供业务上的指导和服务作用，职能机构的人员是直线管理人员的参谋。

职能型组织结构的优点是，指挥权统一集中，便于有效地管理和控制；按职能进行专业划分，有利于提高工作效率和决策的科学性。其缺点是，不同职能部门之间横向协调性差，应对外部环境变化反应迟缓；权力过于集中，造成领导负担过重；各职能部门只专注某专业领域，不利于培养全面管理人才。

职能型组织结构适合于规模不大、产品品种不复杂、外部环境相对稳定的新创企业。

（三）事业部型组织结构

事业部型组织结构在大型企业中比较常见，是指企业按照地区、市场或商品设立事业部，各事业部具有独立的产品或市场，拥有足够的权力，自主经营，独立核算，自负盈亏。企业的最高管理层主要制定企业的重大战略方针与政策，各事业部在不违背总体方针与政策的基础上拥有较大的自主权。

事业部型组织结构的优点是，各事业部拥有较大的自主权，能充分调动各部门管理者的积极性，更加关注市场、顾客的需求，并能根据实际情况快速做出反应，还能培养综合型管理者，为企业储备人才。而高层管理人员摆脱了日常事务，能更专注于企业的整体战略规划。其缺点是，从整体来看，各事业部职能部门设置重复，管理人员过多，管理费用增加；各事业部自主经营、独立核算，容易造成各部门过于关心自身的利益而忽视企业总体的利益；各事业部之间也容易出现各自为政、协调困难等问题。

当新创企业生产经营规模不断扩大，产品和服务的种类不断增加，或是业务活动扩大到多个地区，原有简单的组织结构不能适应企业的发展，组织结构需要优化和变革时，可以考虑选择事业部型的组织结构。

（四）矩阵型组织结构

矩阵型组织结构是由两组部门重叠而成的组织形式，纵向组织由各职能部门组成；横向组织是以产品或项目为对象组成的小组，小组成员由各职能部门提供，同时接受原职能部门和项目组的领导。矩阵型组织结构突破了统一指挥的原则，设立了双重的指挥链。其优点是，既能利用职能部门的专业知识技能，又能促进各部门之间的配合和信息交流，提高项目完成的速度，避免重复性劳动，加强组织的整体性；同时能根据外界环境的快速变化及时调整。其缺点是，由于双重指挥链的存在，给员工带来混乱感，不知道该跟随哪个领导、该向谁汇报工作，需要员工有良好的人际沟通能力并能理解这种模式。

矩阵型组织结构可以是临时的也可以是永久的。临时性矩阵结构组织是指，当有特殊任务时，临时从各职能部门抽调人员组成项目组，任务完成后就解散。而永久性矩阵结构组织是指，项目小组会存在相当长的时间。因此，矩阵型组织结构适用于企业外部环境多变、企业的创新性任务比较多、管理活动复杂的新创企业。

（五）团队结构

工作团队，是指为了实现某一目标而由相互协作的个体组成的团队。在团队组织中，整个组织都是由各项任务的工作团队组成，因此，在团队结构中打破了部门之间的界限，各种工作团队可以快速地组合、重组、解散，团队可以自由安排工作，并对其所负责的工作及结果负责，从而提高了工作效率，管理层也有时间进行战略性的思考。规模较小的新创企业可以把团队结构作为整个组织的形式。

（六）虚拟结构

随着全球经济的发展与科技进步的不断加速，企业经营环境发生了剧烈变化，虚拟组织突破了传统企业组织的有形界限，强调通过对企业外部资源的有效整合，快速适应多变的外部环境。虚拟组织是一种只有很小规模的核心组织，以合同为基础，依靠其他商业职能组织进行制造、分销、营销或其他关键业务的经营活动的结构。虚拟组织既适用于小型企业，又可在大型企业中有所应用，比如，耐克公司把企业所有资源集中投入到产品设计和市场销售中，而将其所有的产品交给其他企业（通常是一些生产能力强的企业）生产制造，这样不但节省了生产成本，也使自身在设计、销售的核心竞争力得到充分发挥。

一般情况下，在新创企业初期，企业规模还比较小的时候，直线型组织结构是一个比较好的选择，这种结构权力集中、灵活性强，由于企业的总经理往往也是企业的出资人或者是掌握企业关键技术和产品的人，因此由他来全面管理企业勿庸置疑；而当企业规模逐渐扩大时，直线型组织结构就不适合了，这时企业的管理者会因为自身能力、时间、精力等方面的限制，无法全面掌控企业越来越多的工作，需要雇佣一些专业的人才来管理各职能部门，因此，企业的组合结构逐渐发展成为职能型的组织结构。这些职能经理为企业提供各方面的知识和技能，并协助总经理进行中长期决策，企业总经理与各部门保持直接联系，对企业的日常运行进行监督和控制。随着企业的进一步发展，产品或服务的种类、销售区域不断增加，职能型组织结构会阻碍企业向多元化发展，因此，企业的组织结构又需要进行调整。此时事业部型组织结构是一个较好的选择，企业可以依照产品服务的种类划分事业部，也可以依照地域来划分。

然而，当今全球经济一体化发展迅速，科技进步不断加速，尤其是互联网技术日新月异，传统的组织结构受到了严重冲击和挑战，企业的组织结构出现新的发展趋势，比如，企业组织的扁平化、虚拟化、网络化、学习化等，新创企业对组织结构的选择不再仅局限于现有传统的组织结构，变得更加多样化、创新化。

第三节　新创企业组织结构优化

企业组织结构确立之后并不是一成不变的，当外部环境或企业内部条件发生变化时，企业组织结构就要不断地进行相应的优化。因此，对于企业来说，组织结构没有最好的，只有最适宜的。

一、组织结构优化的含义

当面临复杂多变的外部环境时，新创企业想要生存、发展和不断壮大，固守着原有的组织结构是不可能，因此就必须依据外部环境及内部条件的变化适时地调整和改变。组织结构优化，是指为了满足企业不断发展的需要，企业根据内外环境和条件的变化，对组组织结构进行调整或改变。

二、组织优化的原因

（一）企业外部环境的变化

新创企业面对的是一个动态的、复杂多变的环境，这就要求企业要不断地适应环境的变化。外部环境的变化主要有这样几个方面：

1. 经济全球化的发展。伴随着世界经济一体化进程的加快，对于国家来说，要融入世界经济中才能得到更好的发展；而对于企业来说，面临的政治、经济等环境更加复杂，企业不仅受到国内的政治形势、经济政策及有关法律法规变化的影响，还要受到国际环境变化的影响，比如，国外爆发经济危机，会影响我国经济增长；国际的外交形势或本国外交政策的变化，也会引起国际、国内的市场需求变化；经济全球化的发展使企业面临的外部环境更加复杂多变，因此要求新创企业必须不断优化组织结构才能生存发展下去。

2. 信息技术的迅猛发展。信息技术的应用正改变着传统的组织结构模式，计算机取代了企业中层管理人员的工作，使企业的组织结构扁平化；利用计算机管理和分析数据，绘制图形和表格，使基层员工的工作效率大大提高；信息技术的应用也使企业的管理流程发生变化，原有的研发、生产、营销等部门可能不再适应新形势，这就需要新创企业进行组织机构的优化。

3. 市场需求的变化。随着经济的快速发展，人们的收入水平不断提高，消费者需求越来越强调个性化，购买行为和购买方式也越来越多样化，消费者对产品和服务的偏好变化很快，市场需求机会往往稍纵即逝，如果企业不能快速反应，很难获取利润并得以发展。因此需要企业不断地优化组织结构，快速做出决策，跟上市场需求的变化。

（二）企业内部条件的变化

企业内部条件的变化包括：

1. 企业技术条件的变化。企业的技术条件包括产品结构、生产工艺、技术装备等，随着环境的变化，企业要不断地研发新产品，采用新材料、新工艺、新设备等，而这种技术水平的提高，也对组织结构提出了新的要求，比如新的部门的产生、责权分工的变化等，因此，企业技术条件的变化是组织结构优化的推动力。

2. 企业人员条件的变化。企业人员条件是指人员的数量、结构与素质状况。人是企业活动的主体，如果人员状况发生变化，则必然会推动组织结构优化。例如，随着社会的进步，企业员工队伍日益向年轻化、知识化方向发展，员工工作能力、行为作风、价值观念、成长期望等与过去相比有了很大的变化，在这种情况下，组织的目标、层次、权责等如不及时调整，就会影响员工的积极性和创造性。因此，需要组织结构不断优化，以激发员工工作的积极性，使其实现个人目标，同时又有利于企业整体目标的实现。

3. 企业自身成长的需要。企业的发展壮大是每个新创企业追求的目标，而企业成长的不同阶段对组织结构的要求不尽相同，企业的成长既表现为量的扩张，也体现在质的提升。具体内容包括：企业规模由小企业发展成为中型企业再到大型企业，产品品种由单一到多样，生产技术由一般水平到高新技术，生产区域由地方到全国再到跨国经营等。因而，在企业成长过程中，每一阶段的发展都要有与之相适应的组织结构，并以新的组织结构促进企业的进一步成长壮大。

三、组织优化的方式

组织优化的方式有三种：

1. 适应性优化。这种优化方式是企业中经常采用的方式，是指企业根据外部环境和内部条件的变化，对组织结构的局部进行调整。例如，为了某一项目的开展整合几个部门的人员成立项目组，为了扩展国际市场，设立国际营销部门等，这种优化方式的优点是组织结构优化的阻力较小，缺点是缺乏整体规划。

2. 激进性优化。这种优化方式是指当企业有重大变革时，比如，企业合并、企业管理层重新改组等，要求企业在短时间内完成组织结构的优化。激进式的优化方式会给员工带来不适应感，甚至影响生产和经营，内部阻力加大，因此要谨慎地选择这种优化方式。

3. 计划性优化。这种优化方式是通过对企业组织结构的系统研究，明确组织结构优化的目标，结合组织结构优化的工作进程，有计划、分步骤地加以实施。这种优化方式的优点是，结合企业长期发展战略，管理方式在分步骤优化的过程中逐渐改变，员工有较长时间准备，并能参与到组织优化的过程中，内部阻力较小。企业要进行较大的组织结构优化时，尽量采取这种方式。

四、组织优化的程序

组织结构优化是一个动态的过程，为了顺畅地进行组织结构优化，可以按照一定的合理程序和步骤来进行。

（一）诊断阶段

企业的外部环境和内在条件发生变化，现有组织结构出现不适应时，会表现出一些征兆，管理者要善于发现并抓住这些征兆进行诊断分析，提出组织结构需要优化的问题与目标，及时进行组织结构的优化。

首先，发现问题征兆。当企业日常经营活动中出现了某些异常情况时，如指挥不灵、信息交流不畅、职责重叠、管理效率下降、人事纠纷增加、员工士气低落、不满情绪增加等，要立即提高警惕。其次，诊断问题。发现征兆后要透过征兆诊断出问题的根源，比如，指挥不灵是否是管理幅度过宽导致的，信息沟通不畅是否是管理层次过多引起的等。对问题的分析可以聘请企业外部的管理咨询专家或企业内部的专家结合对员工的问卷调查、个别访谈和小型座谈会等方法进行调查、研究和论证。组织结构的优化是一项专业性很强的工作，而对现有问题的诊断分析是很重要的步骤。

（二）制定优化方案阶段

在对现有企业组织结构进行诊断分析的基础上，明确组织结构优化的目标，制定组织结构优化方案，即把组织结构优化的目标具体化，再根据具体化的目标详细地制定优化内容。制定方案时要充分考虑优化内容的先后顺序、相对紧迫性和意义、各具体内容之间的关系，以及如何调动员工积极性、消除优化阻力等。

（三）实施优化方案阶段

在本阶段首先要选定组织结构优化的主体，并动员和准备组织结构优化必要的人力和物资等，形成有利于组织结构优化的氛围，克服阻力，促使组织结构优化顺利进行。

在组织结构优化的同时也要注意贯彻落实各方面、各层次配套优化，综合治理。首先，组织结构的优化，要同其他有关的管理改革结合进行。例如，管理机构调整，必须同时修订有关的职责范围、业务流程、工作标准、考核奖励等规章制度；组织结构优化必须同经济责任制和人事劳动制度的深入改革结合进行；组织结构优化要同推进管理方法和管理手段的现代化工作结合起来进行。其次，组织结构的优化，必须同加强人员培训、提高管理人员素质的工作同步进行，这是组织结构优化取得实效的重要保障；组织结构的改进和现代化，要求管理人员具备现代化的管理意识、良好的工作作风和掌握现代化管理的方法与手段。最后，在对制定好的优化方案实施时，要适当掌握灵活性，因为方案的制定不能预测到所有可能发生的情况，因而在实施方案的过程中，可能产生预料不到的阻力，此时对优化方案的实施要与实际情况相适应，灵活地实施，适当地调整。

（四）评价和反馈阶段

本阶段是分析和评价优化效果与存在的问题，给新的优化方案提供信息反馈的过程。评价优化方案也是检验优化是否有错误的过程，所以评价具有更好地完善组织结构优化的意义。

管理大师彼得·德鲁克说过，"好的组织结构不会自动产生良好的绩效，就好像一部好宪法并不能保证一定会出现好总统或好法律、有道德的社会一样。但是在不健全的组织结构下，无论管理者是多么优秀，企业一定不可能展现出色的绩效"。对于新创企业而言，一个好的组织结构的设计和不断的优化，有助于新创企业适应环境的发展，打破自身发展的瓶颈，不断地走向成熟。

思考题

大学生小王毕业后创办了一家小企业，仅有十几名员工，主要承揽一些室内装修工程。

创业初期大家齐心协力，不分彼此，也没有明确分工，拉项目、谈判、监督，谁在谁干。小王为人随和，十分关心和体贴员工，在大家的努力下，企业快速发展。然而随着公司规模扩大，员工数量增加，小王也感到管理工作不如以前得心应手。首先是跟他一起创业的元老，自视清高，工作散漫，不听从主管人员的安排，给新员工带来不良的示范作用；其次是企业大小事情都需要小王亲历亲为，否则就很难推进，内部沟通非常不顺；最后是企业内部的质量意识开始淡化，工程质量大不如前，客户不满意度增加，对此小王感到很焦虑，他认识到企业必须要管理整顿。请问：

1. 小王的企业创业初期是什么组织结构？这种结构有哪些优缺点？

2. 小王的企业出现了哪些问题？原因是什么？

3. 如果你是小王，你会如何安排和你一起创业的"元老"？

4. 小王的企业组织结构应如何优化？

第七章　新创企业人力资源管理

第一节　新创企业人力资源特性

一、新创企业人力资源管理的特点

长期以来，人力资源管理被认为是大企业或者说成熟企业应该考虑的问题，而新创企业很少单独设立人事部门或人力资源管理部门。因此，新创企业的人力资源管理问题较少受到关注。然而事实上，对于新创企业而言，人力资源同样显得相当重要，能否拥有稳定的、有效的创新创业团队是新创企业是否能够持续稳定成长的关键。

新创企业的首要任务之一是努力形成稳定而健康的人力资源体系。通过设置相适的岗位、提供充沛的人才供给、开展针对性的培训和运用多种激励手段，达到选拔、培养、留住人才的目的，为新创企业正常且长期有效地运转提供必要的人力资源支持。新创企业只有结合自身特点，制定出有效的人力资源管理机制，才能扭转在人力资源管理方面的被动局面，开创良性循环的人力资源管理前景。

对于新创企业来说，是否拥有优秀的人才是企业能否创业成功的关键因素之一。但企业创立之初人才资源极为有限，工作千头万绪，经营业务不稳定，内外部环境变化较快等特点，给人力资源管理带来较大难题。而创立初期的人力资源风险容易导致企业的经营管理与创业目标相偏离，甚至会导致创业失败。因此，新创企业的人力资源管理具有明显的特殊性，针对这一特定时期，新创企业有效的人力资源管理方法对提高创业成功率、促进创业企业成长具有重要的现实意义。

新创企业的人力资源具有以下几个特点：

1. 组织层次较少。新创企业由于规模小、资金薄弱、缺乏知名度，在机构设置上要求精减人员、控制成本、反应灵活，其组织结构一般趋于扁平型，决策权往往集中在创业者手中，决策与执行程序相对简单，新创企业可以高效决策、快速执行，有利于其迅速进行调整以适应市场的变化。

2. 用人机制较灵活。新创企业的业务具有短、平、快的特点，对人员的要求相对比较灵活。一方面，新创企业并不一味地追求学历等硬性指标，更看重具有相似工作经历、能够迅速胜任岗位的业务熟手。另一方面，企业在创立之初分工不明确，急需一专多能的"多面手"员工，具有较高灵活性、创造性、适应性以及吃苦耐劳的员工容易在新创企业中受到重用。

3. 家族制管理占主导。新创企业由于制度不完善，个人主义管理色彩比较浓，创业者与骨干员工之间多存在血缘、乡缘、学缘等关系，使企业带有浓厚的"家族"色彩，人情味较重，感情管理大于制度管理。但家族制管理在企业创立之初的确具有竞争优势，这是因为企业在创业初期必须尽快进行原始积累，家族制管理体制在白手起家、共同创业的阶段无疑是适合的。家族制企业的所有权与经营权合二为一，家族利益的一致性以及建立在亲缘关系下的信任感，可以将监督成本降到最低。甚至在企业困难的时候，员工可以不计报酬地为企业工作，从而最大限度地降低了激励成本。

二、新创企业人力资源管理的风险

企业在创立之初，以业务为战略核心是生存所必须的，因此企业将主要精力集中于开拓市场、发展业务，而人力资源管理处于起步阶段，基础薄弱，经验缺乏，尚未建立起规范的管理体系，因此可能存在如下风险：

1. 个人目标与企业目标偏离。新创企业在业务方向、管理流程、岗位分工及工作环境等方面时常会面临变化与调整，创业者往往着眼于短期的业务目标，而忽略了对企业战略的规划和共同愿景的建立。员工在缺乏共同目标的情况下，只能单纯地完成工作，无法将自己的职业生涯规划与企业的发展联系起来，缺乏长期的激励因素。员工个人为达到短期目标的利己行为，不仅不能形成新创企业发展的合力，反而会产生背道而驰的阻力，动摇处于创业初期的企业根本。

2. 组织架构及岗位分工混乱。企业初创期往往缺乏专业的人力资源管理知识和人员，由创业者直接承担主要的人事工作，人力资源管理被置于非职业化与边缘化的位置，企业组织架构的建设不完整，岗位分工的设计不清晰。人力资源管理水平低下，导致员工不了解企业整体的运作架构，对自身的岗位职责以及与其他成员的分工协作关系认识模糊，容易出现某些工作多人重复劳动、某些工作无人问津的现象。员工在日常工作中的主动性受到抑制，通常只能被动地等待接收指令，并疲于应付紧急任务和处理琐碎繁杂的事务。

3. 员工流动频率过快。新创企业成立时间短，与成熟的大中型企业相比，具有薪酬待遇较差、员工归属感不强以及发展前景不确定等劣势，导致其员工将新创企业当成获得经验的跳板，人员流动十分迅速，破坏了员工队伍的稳定性。特别是拥有专门技术、掌握核心业务、控制关键资源、具有特殊经营才能等关键员工的离职，容易造成核心技术和商业机密的外泄、客户资源的流失、企业日常运作的停滞等严重损失，极大削弱了企业的核心竞争力。

4. 缺乏系统的员工培训体系。新创企业在用人上以功利性为导向，倾向于招聘业务熟手型员工。创业者不愿将有限的资金分配到对员工的培训中，并没有将培训作为投资来看待。即使有员工培训，大多也是应急或被动式的技能培训，而省略了对共同愿景、道德精神、团队合作等综合素质方面的培养，不仅无法建立员工对企业的归属感，更无法形成企业向心力和凝聚力，导致人力资源成为企业进一步成长的短板。

5. 对员工绩效考核的主观性较强。新创企业对员工绩效考核的方法不成熟，一方面，与创业者有亲属关系的员工占一定比例，创业者在管理中受感情支配较多，个人色彩较浓，往往缺乏制度观念，对下属的业绩评价具有主观性和随意性；另一方面，新创企业以业绩目标为重心，在考核员工绩效时，通常单纯地将业务量或销售额作为考核标准，考核内容不全面，员工对企业目标的认同、职业道德修养以及自我学习能力等都容易被忽略，不能从考核指标中体现出企业长期发展的导向。

三、新创企业人力资源管理的机制

对于新创企业而言，塑造一个以人为本的内部环境，构建共创未来的愿景与机制，使人力资源在动态使用过程中，实现其自身价值，这是决定创业成功的关键要素。所以，新创企业必须建立一套行之有效的人力资源管理机制，选任、培养、激励、留住人才，促进新创企业的不断成长。

（一）明确岗位设置，选任合适的人才

在企业中没有什么比将合适的人放在合适的岗位上更重要的了，当然也没有什么比将不合适的人放在不合适的岗位上对企业和个人造成的浪费和伤害更大的了。世界五百强之一的美国通用电器公司前总裁韦尔奇说，他常常把 70% 以上的时间用来研究公司中人力资源的使用配置情况，以形成高效率的经营团队。因此，新创企业首先要将岗位设置制度化、规范化，对人力资源配置进行谋篇布局，并在此基础上知人善任。一是根据节约高效的原则设计岗位分工。新创企业资金有限，讲究精打细算，在人力资源上更应该如此，而人才需求分析是控制人力资源成本开支的基础，是关键的第一步。创业者必须清楚企业中哪些岗位一定要设置，设置多少人，应当赋予哪些责权等。新员工进入企业后，需要了解的第一件事就是企业的组织架构是什么，我在哪个岗位做什么，我与其他人怎样配合。二是根据德才兼备的原则选任合适人才。最优秀的人才不一定是最合适的人才，只有根据岗位需求，选择能力和品德与之匹配的员工，才能在促进企业发展的同时，保证员工忠诚度，减少人才流失率，否则会出现将高能力的人配置到低位置上，大材小用，加大人力成本，增加跳槽风险的现象，或者出现将低能力的人配置到高位置上，造成执行力低下、工作上错漏频出的问题。

（二）衡量培训成本，培养优秀的人才

长期、持续、有计划的员工培训，是企业运行和发展的重要保障，也是吸引优秀人才的有效手段之一。新创企业要以承受能力为基础，从长远发展需要出发，建立全面性、全员性的培训体系，即培训贯穿员工职业生涯的全过程，涵盖从业技能和综合素质的各方面，覆盖到从高层领导到一线员工的每个人。

首先，要营造奋发向上、不断进取的学习氛围。据世界经理人文摘网站进行的一次网上调查显示，在企业所提供的七项福利（医疗保险、退休保障、住房及补贴、带薪休假、业务用车、进修和培训机会、子女教育津贴）中，43% 的人首先选择了进修和培训。进修和培训已经成为许多员工重视的一个条件。对于高素质的关键员工而言，不仅仅是为了赚钱，他们更希望通过工作得到发展和提高。因此，创业者要带头转变观念，纠正对员工培训的认识偏差，营造员工愿意学、主动学、坚持学的良好氛围，杜绝部分员工对培训持有逃避或无所谓的心态。

其次，要分层次有重点地制订全员培训计划。全员培训不是所有员工在同一时期内都要参加培训，而是根据员工个人职业生涯规划和企业战略需要，通过培训需求评估，对不同层

次的员工各有侧重地制订针对性的培训计划。在培训内容的选择上，对创业者的培训着重于企业家才能，对中层管理者的培训集中于共同愿景的形成和执行力的提高，对一线基层员工进行自我管理、团队精神以及从业技能等方面的培训。在培训时间的选择上，对重要的培训要未雨绸缪，对急迫的培训要快速启动，各种培训之间合理衔接有条不紊地组成系统。

最后，要在实际工作中科学地衡量培训效果。培训上的投入带来的产出难以量化，可以从对实际工作的针对性和及时性两个角度加以考察。针对性是指培训要有目的，根据新创企业的发展规划，对员工欠缺的知识和能力进行培训，消除现实工作需要和员工知识能力存在差距的矛盾。及时性是指培训的内容能马上运用到工作中，让员工在"做"中进行消化和检验，让培训转化为现实生产力，以人力资源的发展，带动新创企业突破发展瓶颈。

（三）完善考核机制，激励有为的人才

绩效考核是人力资源发展的基本保证，既可以对员工进行甄选区分，也可以保障企业目标的实现。一方面，绩效考核与薪酬、职务晋升、福利待遇等紧密挂钩，可以为员工的晋升与发展提供公平竞争的平台，消除新创企业由于"家族色彩"带来的任人唯亲的弊端。另一方面，绩效考核对员工个人目标进行正确引导，使之与企业整体目标契合，通过员工不断努力提高绩效，达到提高企业整体绩效水平的目的。因此，必须建立健全科学的绩效考核机制，使德才兼备的员工得到与之相匹配的待遇，激活员工队伍的能动性和创造性。

一是理清考核指标，设定相应的权重。在考核内容上，对德、能、勤、绩的全面考核与突出考核重点并重，指标的设计要体现企业现阶段的主要导向。根据新创企业的特点，业务类"硬"指标的权重相对较大，综合素质类"软"指标的权重相对较小。在考核方式上，与自己比发展、与别人比业绩、与别人比贡献三位一体，横向与纵向考核双向并行。

二是建立以奖为主、以罚为辅的奖惩机制。绩效考核也需要提高执行力，承诺要准确、及时地兑现，能使员工得到最大化的现实收益和心理满足，发挥最大的激励效用。而新创企业的市场拓展能力较弱，风险防御能力较低，业绩受市场变化的影响较大，对员工的考核结果不应过于苛刻，否则当员工的切身利益得不到保障或者时刻处于可能被淘汰的风险时，员工会受到打击，缺乏安全感，人心惶惶，使企业失去了凝聚力。

三是畅通双向沟通渠道，增强双赢共识。为防止对员工考核的片面化，持续的双向沟通应贯穿绩效考核的全过程。在制定考核指标时，需要与员工就目标设定达成共识，同时体现企业对员工的期望与员工对企业的承诺。在考核实施中，畅通的沟通渠道保障员工享有申诉说明的权利，有利于纠正考核偏差，使考核结果获得员工的认同。在考核反馈阶段，动态的沟通能促使企业和员工就如何改进不足、怎样提升绩效以及下一个绩效目标达成共识。

（四）培育企业文化，留住最好的人才

企业文化是员工在长期的工作中，经过凝聚提炼形成的共同价值标准、理想信念和行为准则，它能营造出良好的企业内部环境和团队精神，使员工在工作过程中完成自身发展的定位。良好的企业文化，在薪酬留人和契约留人双保险的基础上，加上了文化留人的第三重保险。

一是将共同愿景作为吸引员工的根本。共同愿景是企业上下由心认同、齐心共筑的未来景象，是看得见的"好处"，也是潜在的长期收益。人失去理想，就会无所事事，企业也一样，没有长远目标和规划，就会人心涣散，失去凝聚力，难以留住人才。让员工看到企业的宏伟蓝图，看到企业的未来愿景，使有抱负的雇员产生向往和期待，可以减少新创企业由于待遇较低所带来的负面影响，对员工产生长期的吸引力和内驱力。

二是将人本主义作为管理员工的准则。把员工当成"物"来管理，必然忽略个人的需求、愿望，当然也留不住人才。将员工看做企业的主体，强调员工对管理的参与，从感情上与员工建立心理契约，最大限度地关心人、依靠人、培养人和造就人，才能充分激发员工的热情和进取心，使之从内心深处产生对企业强烈的归属感和责任感，并真正把个人的前途和企业的命运联系在一起。

三是将团队精神作为凝聚员工的动力。团队精神使员工产生归属感，愿意把自己的命运和荣辱与团队的发展前途联系在一起，团队成员之间相互信任、帮助扶持、共同进步，融洽的工作氛围和强烈的责任感，使员工对企业产生较高的忠诚度。

第二节　新创企业人员招聘与配置

新创企业持续健康的发展离不开人力资源的有效管理，在人力资源管理中要进行的第一个流程是员工的招聘与配置工作，这项工作的好坏直接影响企业的发展。员工的招聘与配置是企业管理中最为重要的工作之一。要做好新创企业员工的招聘与配置工作，就需要从企业的实际发展情况出发，做出有针对性的招聘与配置。员工的招聘是招聘来的员工要具有和企业发展相关的工作技能，认同企业文化，有服务企业的意愿。员工的配置是将招聘来的员工合理地分配到岗位上，让员工可以展示自己的才能，企业可以实现人力资源最优化管理。可见，员工的招聘与配置工作深深地关系到新创企业未来长足的发展。但是新创企业在这方面出现了诸多问题，如招工难、留不住人或找不到合适的人等。

一、新创企业员工招聘与配置中的问题

（一）人员浮动大，没有形成稳定的人员供需

现在市场竞争激烈，新创企业在实际的经济活动中，业务量会受到市场的冲击，人员需求浮动很大。新创企业业务量较少，企业发展处于起步阶段，工作量较少；但随着业务量增多，企业迅速发展，要从事的工作量急剧增大，这时工作人员出现短缺现象，就需要立即招工。可见，市场经济的快速变化，影响新创企业人力资源管理工作的有效进行，面对急速变化的市场人员需求，人力资源管理很难满足各种要求。

员工招聘中还有一个问题就是企业内部关键部门的用人需求变化较大。一些企业由于行业性质的关系，往往会出现"关键岗位"，有些部门在人事行政部进行人员供需制定时不能积极主动地配合，造成人员供需上出现问题。在企业的季度总结、年度总结大会上，每个部门的主管做出员工招聘与配置等计划，但是这些计划往往重于形式，缺乏相应的实践性和实用性。例如在一家设计公司内，设计部主管向企业总经理提出急需一名专业的计算机人员，要

求吃苦耐劳、懂计算机语言。这一招聘条件并不明确，后经与人事行政部门的多次商定，才确定了具体的招聘条件。人事行政部为早日解决设计部门的员工招聘需求，通过网络招聘和中介机构，开展招聘员工工作，在经过一段时间的忙碌筛选之后，招聘到一名条件合格的员工，在进行最后的面试时，设计部主管又称其部门不需要了，这样造成了此次招聘工作前功尽弃。这不仅仅加大了人事行政部的工作量，而且对企业也造成了人力、物力、财力上的较大浪费。

（二）招聘出现误差，招进来一些不合格的人

新创企业招聘初期，一般通过网络招聘、人才市场现场招聘、中介招聘、校园招聘等方式进行员工招聘，来应聘的人要比招聘的人数多很多，在经过一系列的筛选后，决定了所选拔的人员，但是在招聘的人员当中，通常会出现一些不能胜任岗位的现象。虽然他们在面试的过程中表现突出，而到了岗位上就出现很多问题。这主要是在招聘初期，筛选的标准不太正确，偏重于员工的外在表现，对其专业的技能考核很少，即使通过再培训，他们仍然缺乏相应的技术能力，不能适应企业发展的需求。例如，招聘来的员工，经过了长达 8 个月的培训后，到了岗位上，他们怕累、怕脏，最后放弃。在企业进行员工招聘的环节中，需要投入一定的人力、物力、财力，然后再通过辛苦的培训，叫结果出现员工不能适应岗位的现象，在很大程度上造成了企业资源的浪费。

（三）新创企业员工招聘的成本比较高

新创企业进行员工招聘，先由各部门申请，然后人事行政部经过一系列程序，完成员工的招聘工作。但在招聘中，人事行政部的工作是被动的，工作环节中可能会出现误差，使得实际的招聘投入大于预期效果，造成招聘成本较高。虽然现在还没有度量招聘员工效能的规范方法，无法明确招聘员工的效能情况，但从总体上看，企业员工招聘的成本较高。

（四）新创企业员工配置缺乏人性化

新创企业在进行员工配置时，往往忽略员工自身的意愿，仅仅考虑企业内部员工需求情况，使员工对企业缺乏亲近感。此外，企业还时常出现员工内部调动情况。如在工作中，发现缺少市场销售负责人，没和当事人沟通就从销售部门将一名销售人员调到此岗位，让其负责销售管理工作，这样的做法减弱了员工对企业的忠诚度，这也是企业员工频繁离职的重要原因。

二、新创企业员工招聘与配置问题的解决

新创企业的员工招聘与配置问题的产生一般有企业外部环境因素和企业内部自身因素两种原因。那么，新创企业可以从这两方面入手解决企业员工招聘与配置的问题。

（一）从企业外部环境因素出发

企业外部环境因素主要包括国家政策、法律法规、市场经济规律、行业间竞争等，国家政策的扶持与取缔将决定企业的命运，很大程度上影响企业的员工招聘和配置，如税收政策先影响企业的发展，进而会影响企业员工的招聘与配置。在新创企业的正常运行中，要时刻关注国家相关政策的出台，对于优惠政策要抓住机遇，促进新创企业的发展；对于限制性的政策，新创企业要提前做好准备，如招聘新型高科技人才，进行企业产品的创新研究，拓展

企业的经营范围。同样，新创企业在市场经济的竞争中要想取得胜利，必须走科技创新之路，这需要大量的高科技人才，很大程度取决于新创企业员工的整体素质。可见，新创企业在正常经营中，要及时关注国家政策动态和市场经济发展状况等多方面外界因素，做好员工招聘与配置，从而促进企业更加健康长久的发展。

（二）从企业内部自身因素出发

员工在应聘企业时，往往会考虑该企业的发展规模、发展前景、生产效益、薪酬福利等。所以，新创企业要做好员工的招聘与配置工作，就需要一个良好的企业内部的影响力，只有这样才能吸引大量的高科技人才。调查数据显示，员工心目中好企业的标准是发展前景光明、生产效益颇大、薪酬福利待遇高。像这样的企业短时间内就可以结束招聘工作，在具体的招聘中，员工会在面试或者试用期间重点考虑新创企业的薪酬福利待遇。对于新创企业存在的招聘难问题，其主要原因还是企业自身的问题。因此，企业要做好员工的招聘与配置工作，就必须树立一个良好的内部形象。

第三节　新创企业人员培训与开发

一、新创企业员工培训与开发的意义

新创企业之所以会重视员工的培训与开发工作，是因为它具有非常重要的作用和意义，主要表现在以下几方面：

第一，培训与开发有助于改善新创企业的绩效。新创企业绩效的实现是以员工个人绩效的实现为前提和基础的，有效的培训与开发工作能够帮助员工提高他们的知识、技能，改变他们的态度，增进他们对企业的战略、经营目标、规章制度以及工作标准等的理解，从而有助于改善他们的工作业绩，进而改善企业的绩效，这可以说是培训与开发最为重要的意义，尤其是在员工个人的工作绩效低于达标水平时，这种意义就更为突出。

第二，增强员工对新创企业的归属感和凝聚力。新创企业的人才队伍建设一般有两种：一是靠引进，二是靠自己培养。新创企业应不断地进行员工培训，向员工灌输企业的价值观，养成良好的行为规范，使员工能够自觉地按惯例工作，从而形成良好、融洽的工作氛围。通过培训，可以增强员工对组织的认同感，增强员工与员工、员工与管理人员之间的凝聚力及团队精神。就企业而言，对员工培训得越充分，对员工越具有吸引力，越能发挥人力资源的高增值性，从而为企业创造更多的效益。培训不仅提高了职工的技能，还提高了职工对自身价值的认识，对工作目标有了更好的了解。

第三，满足员工实现自我价值。通过培训可以使员工更好地胜任现有的工作，提高员工对自身价值的认识，对工作目标有更深的理解。更能使员工接受具有挑战性的工作和任务，实现自我价值，感受到企业对员工的重视，满足成就感，员工能长久留任企业的部分原因就是企业带给了他们想要的成就感。

第四，服务于企业战略规划。培训与开发工作不仅是关注眼前问题，更是立足于新创企业的长远发展。从未来发展的角度出发进行员工培训与开发，储备和培养适合企业未来发展的人才，保证了培训与开发工作的积极性、主动性。

二、培训与开发的实施流程

（一）培训实施流程图

新创企业员工培训与开发与其他企业的实施过程大致相同，基本流程如图 8-1 所示。

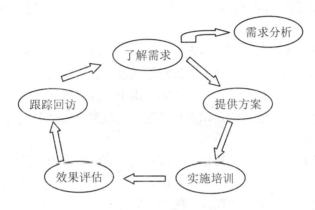

图 7-1　培训实施流程图

了解培训需求是整个培训实施的起点，有需求才会有供应，新创企业通过培训问卷调查的形式了解企业员工对培训的需求，确认需求后开发相应的课题，提供解决方案。

实施培训只是授课的过程，很多人认为企业培训就是给大家讲课，其实授课只是培训的一个表现形式，"效果评估""跟踪回访"才是显现培训效果的时候。

确认需求是整个实施过程的关键点，也是多数新创企业在做培训时容易忽略的步骤。

（二）如何进行需求分析

员工培训与开发实施过程中"了解需求"和"提供方案"之间有个很重要的环节，也是容易被多数培训组织忽略的环节，那就是"需求分析"。举例说明一下，如果我们将沟通分为很多种形式，对上级的沟通，对同事的沟通，对不同年龄阶段人的沟通，那么我们的员工到底需要怎样的沟通技巧的培训？我们所针对的不同岗位的员工又要进行怎样的沟通技巧培训？需求分析是找到问题的重点，通过面谈或访问的方法确定大家所说的"沟通技巧"是指哪方面的沟通，如果通过沟通发现，80%的员工都说不知道怎么和上级沟通，培训课题才能确定方向，那就是"如何与上级沟通"，这就是对培训需求的分析，往往这么简单的一个过程可能导致培训的效果有天壤之别。

三、培训与开发的方法

新创企业应根据不同的培训对象、不同的课题、不同的培训方式，选择不同的培训方法，培训方法的选择要讲求实用、效率、方便实施。

组织培训的方法有多种，如讲授法、演示法、案例法、讨论法、视听法、角色扮演等，各种培训方法都有其自身的优缺点，为了提高培训质量，达到培训目的，往往需要各种方法配合起来灵活使用。下面着重分析讲授法、工作轮换法、案例研究法等常用培训方法。

（一）讲授法

讲授法属于传统的培训方式，是指培训师通过语言表达，系统地向受训者传授知识，期望这些受训者能记住其中的重要观念与特定知识。

要求：培训师应具有丰富的知识和经验；讲授要有系统性，条理清晰，重点、难点突出；讲授时语言清晰，生动准确；必要时运用板书；应尽量配备必要的多媒体设备，以加强培训的效果；讲授完应安排适当的时间让培训师与学员进行沟通，用问答方式获取学员对讲授内容的反馈。

优点：运用方便，可以同时对许多人进行培训，经济高效；有利于学员系统地接受新知识；容易掌握和控制学习进度；有利于加深理解难度大的内容。

缺点：学习效果受培训师讲授水平的影响；由于主要是单向性的信息传递，缺乏教师和学员间必要的交流和反馈，学过的知识不易被巩固，故常被运用于一些理念性知识的培训。

（二）工作轮换法

这是一种在职培训的方法，是指让受训者在预定的时期内变换工作岗位，使其获得不同岗位的工作经验，一般主要用于新进员工。现在很多新创企业也进行工作轮换，是为了培养新进入企业的年轻管理人员或有管理潜力的未来的管理人员。

要求：在为员工安排工作轮换时，要考虑培训对象的个人能力以及他的需要、兴趣、态度和职业偏好等，从而选择与其合适的工作；工作轮换时间长短取决于培训对象的学习能力和学习效果，而不是机械地规定某一时间。

优点：工作轮换能丰富培训对象的工作经历；工作轮换能识别培训对象的长处和短处，企业可以通过工作轮换了解培训对象的专长和兴趣爱好，从而更好地开发员工的潜能；工作轮换能增进培训对象对各部门管理工作的了解，扩展员工的知识面，对受训对象以后完成跨部门、合作性的任务打下基础。

缺点：如果员工在每个轮换的工作岗位上停留时间太短，会导致所学知识不精；由于此方法鼓励"通才化"，适合于一般直线管理人员的培训，不适用于新创企业的职能管理人员。

（三）案例研究法

案例研究法是指为参加培训的学员提供员工或组织如何处理棘手问题的书面描述，让学员分析和评价案例，提出解决问题的建议和方案的培训方法。案例研究法为美国哈佛管理学院所推出，目前广泛应用于新创企业管理人员（特别是中层管理人员）的培训。目的是训练他们具有良好的决策能力，帮助他们学习如何在紧急状况下处理各类事件。

要求：案例研究法通常是向培训对象提供一个描述完整的经营问题或组织问题的案例，案例应具有真实性，不能随意捏造；案例要和培训内容相一致，培训对象组成小组来完成对案例的分析，做出判断，提出解决问题的方法；随后，在集体讨论中发表自己小组的看法，同时听取别人的意见。讨论结束后，公布讨论结果，并由教员再对培训对象进行引导分析，直至达成共识。

优点：学员参与性强，变学员被动接受为主动参与；将学员解决问题能力的提高融入到知识传授中，有利于学员参与企业实际问题的解决；教学方式生动具体，直观易学；容易使学员养成积极参与和向他人学习的习惯。

缺点：案例的准备时间较长，且对培训师和学员的要求都比较高；案例的来源往往不能满足培训的需要。

四、树立科学的培训理念

（一）优化职能部门

新创企业从体制上要走出传统人事管理的模式，建立专业的人力资源部门。对人力资源部门人员，特别是人力资源部门主管，要进行专业化培训。新创企业由于力量比较薄弱，要引进高水平甚至是合格的人力资源专业人才比较困难，所以较为可行的办法就是企业自身进行内部培养，可采用脱产培训等方式来提高人力资源专业人员的工作水平。

（二）改变观念

新创企业应转变培训观念，改变对企业培训的认识，加强对企业高层管理者的培训。在培训过程中，企业除了要加强基层管理者和普通员工的培训外，还要充分考虑到企业高层管理者对企业发展的影响，因而高层管理者更需要接受培训，更新知识，改变观念。增强企业各部门对培训的认识，明确培训是一项任务，只有明确了自己的责任，各部门之间才会在培训中取得理想的效果。

（三）个性化培训

在对新创企业员工的培训中，企业根据不同人员、不同岗位、不同阶段的特点为每位员工设计个性化的职业生涯规划，确定个性化的培训方案，规划员工不同的发展方向，大幅提高员工对企业文化的认同感，有利于激励员工努力奋斗，降低员工的流失率。

第四节　新创企业薪酬与绩效管理

一、新创企业的薪酬管理特点

新创企业意味着企业刚刚开始进入初创领域，一般来说，最主要的目标就是完善企业制度和行为规范，形成良好的企业文化，积累现金流，用较少的人力成本吸引和保留有能力的员工等。因此，新创企业应当根据其主要目标制定企业战略，建立一套薪酬管理体系来保障企业战略的实施。合理的薪酬管理不仅可以节约人力成本，利用较少的资金吸引核心员工与企业一起创业，还可以激励员工，使员工为企业创造利润而努力工作。换句话说，与企业战略相匹配的薪酬管理才可以将薪酬的作用发挥出来。

一般来说，新创企业主要的成长目标还是很确定的，但是由于企业本身资源和能力有限，销售渠道不健全或不完善，所以新创企业会将主要的资源和能力集中在主营业务当中。具体来说，新创企业应当有一个主要经营方向和竞争模式，创业者希望通过集中式的发展，利用有限的资源发展主营业务，通过这个业务获得一定的市场份额。完整的薪酬管理体系由薪酬目标、薪酬政策和实现薪酬目标与政策的薪酬技术所构成。

1. 薪酬目标表明薪酬管理想要达到什么样的目的，一般来说，企业薪酬目标是公平和合法的，确保薪酬管理体系对所有员工都公平，不仅要结果公平，还要过程公平；企业在薪酬管理过程中，要遵守全国性和地方性的法律法规。企业有这三个基本目标作为薪酬目标，才能有合理合法的薪酬管理体系。

2. 薪酬政策主要包括确定员工的薪酬标准，设计薪酬结构和形式。薪酬政策是根据企业战略所制定的，并服务于企业战略。新创企业具有不同于成熟企业的企业战略，也应当具有符合自己战略的薪酬政策。

3. 薪酬技术是实现薪酬目标和政策的途径，正确运用薪酬技术，可以保证薪酬目标和薪酬政策的实现。

二、新创企业的薪酬管理机制

新创企业的薪酬管理如果能和新创企业战略有机结合，支持企业战略，不仅可以发挥薪酬的作用，还可以促进组织文化、价值观的形成，进而促使企业的发展。基于新创企业的聚焦战略及其特点，制定合适的薪酬目标。

首先，薪酬目标应当与新创企业的战略相匹配，薪酬管理最基本的目标就是支持企业战略的实施，它应具有整体性、长远性、灵活性和创新性。新创企业制定的薪酬目标要以企业的整体为基础，包括企业所在的行业特征、企业的有限资源、员工的能力等，要有利于企业的长远发展，根据环境的变化随时可以做出调整。其次，制定的薪酬目标要公平，公平对于提高员工满意度的意义非常大，制定薪酬目标时应鼓励企业员工积极参与，允许并接受员工的投诉，保证薪酬目标公平合理。制定合法的薪酬目标，既要符合全国性的也要符合新创企业所在地地区性的法律法规的要求，这就要求制定薪酬目标之前，制定者应当先了解相关法律法规的内容，保证薪酬目标的合法性。新创企业的薪酬政策也是基于企业发展战略的，在确立薪酬标准之前，应当调查企业所在行业、所在地区的平均薪酬水平。由于新创企业的资金有限，为了保证企业的经营有较多的资金支持，并且企业发展还有比较长的时间，为员工薪酬的提高应留有空间，因此，薪酬水平不应该高于同行业、同地区的平均水平。但是由于企业处于起步时期，人员是企业发展之本，为了吸引和留住有才能的关键人员，对于新创企业来说，对于关键人员可以根据企业自身的情况适当提高薪酬水平。

一般来说，新创企业发展初期具有人员较少、企业制度不完善、管理方式不成熟、企业文化不稳固等特点，因此，新创企业的薪酬政策应该比较简单灵活，减少薪酬管理的复杂性，并且与聚焦战略相匹配，因为要将大量的精力放在主要的产品或服务的经营当中去。对新创企业来说，薪酬的激励作用更重要，因此低固定、高变动的薪酬管理方式更适合新创企业，并且要加大浮动薪酬在薪酬结构中的比例。新创企业的薪酬等级应当较少，变动能力比较强，最好是实行目前流行的宽带薪酬。新创企业使用宽带薪酬的好处就是增加了员工工作的积极性，无论职位高低，只要业绩突出，就可以拿到较高的薪酬。员工乐意积极提高自己的岗位技能和综合素质，有助于增强员工的创新意识、全局意识与团结协作意识，从而促进企业的发展。

　　新创企业的主要目标就是发展企业，使产品或服务快速进入市场，重视顾客的满意度，但企业制度、组织结构都不够完善，以绩效为基础的薪酬模式更适合新创企业的发展。那么对于新创企业来说，如何进行公平合理并且员工满意的绩效考核就尤为重要。因此，新创企业应当在绩效考核中鼓励员工参与，提高员工参与度，并将顾客满意度加入到绩效考核当中去，提高薪酬管理者的绩效考核水平，有利于建立公平合理的绩效考核制度。确定了新创企业的薪酬目标和薪酬政策，如何实现就要靠薪酬管理技术。对于新创企业来说，资金紧张是主要问题，管理者在薪酬管理的过程中，要善于做薪酬预算，提出合理的薪酬计划，包括对人力成本的控制，保证企业有足够的资金用于主要产品或服务的生产或营销。同时，由于新创企业还不够成熟，要想吸引和留住员工，就必须知道员工真正的需求是什么，提供满足员工需求的薪酬组合，这样不仅可以提高员工的满意度，还可以有效地节约人力成本，提高薪酬的激励作用。

　　新创企业应立足企业的整体性和长远性发展，设立支持企业战略、公平合理的薪酬目标，制定简单灵活的薪酬政策，确立以关键人员为核心的薪酬标准，实行宽带薪酬和以绩效为基础的薪酬模式，重视员工参与的绩效考核，加入顾客满意度的考核指标，薪酬管理者运用薪酬预算和薪酬沟通等薪酬管理技术，保证薪酬政策的实施和薪酬目标的实现。

思考题

1. 互联网时代怎样改变了新创企业的招聘？
2. 对于新创企业来说，如何能够提高人力资源配置的有效性？
3. 新创企业薪酬制度中最大的矛盾体现在哪些方面？

第八章 新创企业融资管理

第一节 新创企业融资渠道

创业者面临的主要问题就是创业资金的获得，即创业融资。根据 2000 年澳大利亚国际发展署和世界银行集团所属国际金融公司（IFC）联合发布的一份调研报告《中国新兴的私营企业：新世纪的前景》显示：与其他国家相比，中国的银行在私营企业融资方面，无论是创业投资还是后续投资，所起的作用较小。私营企业在创业阶段几乎完全依靠自筹资金，90%以上的初始资金都是由主要的业主、创业团队成员及其家庭提供的。然而仅仅依赖业主或团队成员的人际关系和信用为企业未来的发展进行融资是不够的，企业要想得到迅速发展，就需要投入大量的资金。因此，企业需要进行融资来获得满足发展所需要的资金。如何融资、何时融资、向谁融资是创业者最为关心的问题。

不同的企业组织形式，融资渠道和方式的选择会有差异，企业在不同发展阶段的融资渠道和方式也是不同的。新创企业按其发展过程可分为四个阶段：种子期、初创期、发展期（又包括成长期、扩张期）和成熟期。

一、创业融资和一般融资在融资渠道上的差异

融资渠道是指资金来源的方向和通路，体现着资金的源泉和流量。了解融资渠道有利于新创企业开拓适合自身发展的融资渠道。我国新创企业主要有六种融资渠道。

1. 国家财政。国家财政是指国家对企业的投资。国有企业的资金来源大部分是以国家拨款方式投资形成的。在市场经济中，国家调控宏观经济的发展，调整产业结构和升级，从长远战略的角度出发，国家会根据这些调整和未来的发展对一些产业给予支持。所以，符合国家长远战略的新创企业有可能得到国家财政的资金支持。

2. 银行信贷。银行为企业提供的贷款是各类企业主要的资金来源。银行贷款方式多种多样，适应各类企业的多种资金需求。贷款客户的管理是银行业务的重要组成部分，因为贷款直接关系着银行的收益。但对于新创企业而言，没有可以用于从银行取得贷款的资产抵押，没有在银行建立信用体系，缺少愿意为新创企业提供担保的企业或个人，这些原因使得新创企业取得银行贷款是比较困难的。

3. 非银行金融机构。非银行金融机构主要有信托投资公司、租赁公司、保险公司、证券

公司、企业集团的财务公司等。通过承销证券或者融资、融物，他们可以为一些企业直接提供部分资金，或为企业融资提供服务。这种融资渠道的财力虽然比银行小，但是有很高的灵活性，可以满足新创企业的多种需求。

4. 企业自有资金。企业经营形成的内部资金，主要是计提折旧、提取公积金和未分配利润而形成的资金。在国家政策法规允许的范围内，新创企业可以利用这些资金来满足企业发展的需要。

5. 民间借贷。企业职工和居民的剩余货币可以对企业进行投资，形成民间资金渠道，为企业所利用。创业者的启动资金除了自己和家庭的积累以外，主要来自向亲戚朋友的借款。这是创业者通过个人的信用取得新创企业所需要的资金。

6. 商业信用。新创企业在开始经营之后，开发并拥有了自己的客户和供应商，会在生产经营过程中形成一些暂时闲置的资金。同时，为了一定的目的也需要相互投资，这部分资金也是新创企业的资金来源。

二、新创企业的融资方式

融资方式是指企业筹措资金所采取的具体形式，体现了资金的属性。具体方式有：

1. 吸收直接投资。机构或个人对新创企业进行直接投资，拥有新创企业一定的股权，然后在新创企业经营成熟之时，通过一定的退出方式来获得较高的收益回报。这种融资方式是新创企业进行融资的主要方式，创业者取得了资金，实现了新创企业的发展；而投资者在退出过程中获得了较高的收益回报。但是，这种方式对于新创企业和创业者要求较高，高收益伴随着高风险，所以进行直接投资的机构或个人对于投资十分谨慎，根据各自的经验和方式进行论证之后，才会决定是否投资。

2. 发行股票。能够发行股票的企业一般经过了一段时期的发展，并且取得了优异的经营绩效，得到了资本市场投资人的关注。此时，创业者可以通过发行股票的方式取得企业进一步发展所需要的资金。此种方式仅适用于极少数的新创企业。

3. 银行借款。向银行借款需要企业有能够抵押的资产，如机器设备、厂房等资产。那些已经开始生产运营，并且经营基本正常的企业，在资金短缺的情况下可以采用这种融资方式。

4. 发行债券。企业可以通过发行债券的形式获得所需要的资金。《中华人民共和国公司法》对于公司发行债券有严格的规定，新创企业往往不符合发行企业债券的规定，发行难度也会比成熟企业大很多，因而通过发行债券来进行融资的机会比较小。利用这种融资方式进行融资的企业一般都是成熟的规模较大的公司。

5. 融资租赁。融资租赁是指根据承租人对租赁物件的特定要求和对供货人的选择，出资向供货人购买租赁物件，并租给承租人使用，承租人分期向出租人支付租金，在租赁期内租赁物件的所有权属于出租人所有，承租人拥有租赁物件的使用权。

6. 商业信用。商业信用是指在商品交易中由于延期付款或预收货款所形成的企业间的借贷关系。具体包括应付账款、应付票据、预收账款等。

三、新创企业的融资类型

企业从不同融资渠道和用不同融资方式筹集的资金，由于来源、方式等不同，形成了不同的融资类型。不同类型资金的组合，构成了企业具体的融资组合。从不同的角度进行划分，新创企业有不同的融资类型。

（一）自有资金融资与借入资金融资

按照资金权益性质的不同，可分为自有资金和借入资金。

自有资金也称自有资本或权益资本，是企业依法筹集并长期拥有、自主调配运用的资金来源。自有资金主要包括资本金、资本公积金、盈余公积金和未分配利润。新创企业利用自有资金不需要担心到期还本付息，财务风险较小。但是，自有资金一般数量较小，不足以支持新创企业的发展，筹集的权益资本往往要求比债务资本更高的收益。如果企业采用权益资本进行融资，最主要的是企业所有权问题，利用权益资本进行融资有可能使创业者失去新创企业的所有权。

借入资金也叫借入资本或债务资本，是企业依法筹措并依约使用、按期偿还的资金来源，主要包括各种债券。企业的债权人有权按期索取本息，但一般不参与企业的经营管理，对企业的经营状况不负担责任，要求的收益也比权益资本投资者要求的收益低。企业的借入资金是通过银行、非银行金融机构、民间等渠道，采用银行借款、发行债券、商业信用、租赁等方式筹措取得的。一旦企业进行了债务融资，就会产生财务风险，如果处理不当，会危及企业的生存。

创业者必须权衡这两种融资方式，在融资成本和风险之间进行平衡。低成本的债务融资具有财务风险，高成本的权益融资没有财务风险。创业者需要根据新创企业的情况选择最合理的融资方式，为新创企业的发展提供动力。

（二）内部融资与外部融资

从企业的角度可以把企业的资金来源划分为内部融资和外部融资。

内部融资是指在企业内部经过计提折旧而形成的现金来源，以及通过留存收益等增加资金来源。内部融资是在企业内部随着企业的生产经营形成的，只要企业能够将生产持续下去，并获得相应的利润，企业内部就有固定的资金来源。新创企业在充分利用内部资金之后，如果对于资金的需要仍然得不到满足，或创业管理者需要投入资金来扩大经营、实现企业的更快发展，可以采用外部融资的方式。

外部融资是指向企业外部筹资形成资金来源。新创企业内部融资是很有限的，即使度过了初创期，在成长期的企业仅仅靠内部融资来实现企业发展仍是很困难的。企业外部的融资渠道和方式很多，但要付出一定的融资成本。

（三）直接融资与间接融资

企业的融资活动按照是否以金融机构为媒介，可分为直接融资和间接融资。

直接融资是指企业不经过银行等金融机构，采用直接与资金供应者协商借贷或发行股票、债券等办法筹集资金。直接融资主要是指通过资本市场筹集资金，具体包括股票和债券。在直接融资过程中，供求双方直接实现资金的转移，不需要银行等金融机构作为媒介。直接融资有广阔的范围，可利用的融资渠道和方式较多，但手续较为复杂，所需要的文件较多，准备时间较长，效率较低且费用高。

就目前状况而言，新创企业要想通过二级市场发行债券是相当困难的，因为监管机构和主管部门对企业发行债券进行了严格的限制。虽然深圳证券交易所已经设立了中小企业板块，相对主板市场降低了企业上市门槛，但我国中小企业想立刻上市筹集资金并非容易之事。中国有成千上万家中小企业，而目前在证券交易所挂牌交易的只有一百多家。

间接融资是指企业借助银行等金融机构进行的融资活动，是传统的融资形式。在间接融资形式下，银行等金融机构发挥中介作用，它预先聚集资金，然后提供给融资企业。间接融资往往办理过程比较简单，具有很高的效率，可以通过银行等金融机构完成融资过程。新创企业进行间接融资主要是指向银行贷款。首先，我国银行对新创企业常常存在"所有权歧视"。在我国，国有银行掌管着70％的资金，其放贷条件较高，获得贷款的企业大多数是大中型企业。银行常常愿意把钱借给国有企业和集体企业，而不愿把钱借给民营新创企业。换个角度说，银行贷款给新创企业的经营成本远远高于大企业。相反，对创业者来说，其自身发展能力较弱，不确定因素很多，银行对其放贷存在很大的风险。所以，创业者想从银行获得贷款有相当大的难度。在现有金融体系中，尚缺乏为创业者提供资金的专业银行机构，现有的商业银行还未对创业者开辟专门的服务业务，这就使创业者在获得资金的渠道上受到限制，从而影响其创业活动。其次，抵押、担保制度的不健全也严重阻碍了新创企业融资，新创企业能够用来抵押贷款的财产数量不多且价值不高，以及贷款担保基金较少等原因致使新创企业较难通过抵押、担保获得融资。

第二节　我国创业融资政策

一、现存问题

随着我国经济的高速发展，新创企业的融资问题已经得到了广泛的关注，我国对于新创企业的扶持力度也在不断加大，经过多年的发展，已经取得了明显的效果。但是，目前的新创企业融资仍然存在着以下四个方面的问题。

1. 缺乏信用观念。我国的融资环境存在着一些问题，如国有投资主体（企业和各级政府）缺乏信用观念。市场经济是信用经济，如果不能有效地建立信用，那么无论采取什么样的融资方式，都不能扭转有投无回、有借无还、投资效率低的局面。

2. 缺乏政府扶持体系。创业投资在运作过程中，既面临所投资企业的经营风险，也面临所投资企业的道德风险，这些都需要政府给予政策扶持。应尽快完善对新创企业的政策扶持体系，在政府的担保下，降低新创企业获得融资的难度。

3. 金融及资本市场制度不健全、不完善。贷款担保制度效率低下，风险投资制度不发达，委托投资制度没有创新，租赁等其他非银行金融业务不发达，风险投资的退出机制不健全，这些都是造成我国目前新创企业融资难的主要原因。

4. 企业自身制度不健全。我国的经济中绝大多数是中小型企业，规模小、人才缺乏、科技含量低、资信等级较低等问题也是制约民间投资快速增长的重要原因。另外，新创企业的产权关系不明确，尚未建立起现代企业制度、完善的法人治理结构和组织管理结构，经营管理制度、财务会计制度、劳动分配制度、员工培训制度等不够健全，与高等学校、科研机构、大型企业建立横向和纵向联盟以及与国外公司建立合作伙伴关系的力度也不够。

创业面临的融资难是许多国家正在采取措施积极破解的世界性难题。近年来，我国采取了各种措施来强化对新创企业的扶持。

二、政策安排[①]

从 20 世纪 90 年代中期开始，为缓解中小企业融资难的状况，中国政府采取了一系列旨在促进、支持中小企业融资的政策安排。

（一）中小企业（银行）信贷

增强银行中小企业信贷发放动机、增加中小企业信贷可得性是中国当前最主要的政策取向。

1. 针对银行体系的中小企业信贷促进政策。为支持中小企业发展，中国人民银行近些年来采取了一系列措施，增强银行对中小企业的信贷发放动机。在 1998 年 6 月的《加强对中小企业信贷服务的通知》中，央行要求各商业银行成立中小企业信贷部，并先后三次提高中小企业贷款利率上浮的幅度，以增强银行贷款的风险管理能力，鼓励银行开展中小企业信贷工作。

应该说，这些政策取得了一定效果。截至 2003 年 6 月末，中国中小企业贷款余额 6.1 万亿元，占全部企业贷款余额的 51.7%，同比提高 0.7 个百分点；中小企业新增贷款 6558 亿元，占全部企业新增贷款的 56.8%，比同期大型企业新增贷款占比高出 28.2 个百分点。但是这种以国有大银行为主体的融资制度安排存在巨大的信息与交易成本，费用高昂，而且信贷发放的对象主要是那些达到一定资产规模且有较高信用等级的企业，无法覆盖整个中小企业群体。

2. 构建中小企业信用担保体系。构建并逐步规范和完善中小企业信用担保体系是近年来我国政府在解决中小企业融资难问题上的主要着力点。从 1999 年试点开始到现在，已有 30 个省、自治区、直辖市开展了省级或市级中小企业信用担保体系试点，初步构建了一个覆盖全国的中小企业信用担保体系。

但就中小企业信用担保体系的发展现状而言，由于其制度设计与运行中的不足极为明显，不仅总体上实力过小、能力不足，且在结构、经营和功能上存在三重缺陷，其应有功能的发挥受到了严重制约。

（二）票据市场

《票据法》颁布实施后，中国人民银行相继出台鼓励商业汇票发展的政策，票据市场业务经历了从国有商业银行到中小银行，从重点行业、企业向中小企业、个体私营企业辐射和

---

① 应展宇. 中国中小企业融资现状与政策分析. 财贸经济，2004（10）.

传导的发展过程，市场交易主体日趋广泛，票据流通范围逐年扩大，商业汇票实现了由结算工具向融资工具的演进。

一方面，票据融资方式具有适应中小企业资金需求流动性强、金额小、周期短、频率高的特点，在降低融资成本的同时一定程度上抵消了中小企业信贷抑制，所以其发展客观上极大缓解了中小企业的融资难问题。但另一方面，考虑到如下因素的限制，票据市场发展的表现极不平稳，起伏很大，极大地限制了其在中小企业融资支持中的作用。这些因素包括：（1）银行承兑汇票业务总量控制指标限制以及对中小金融机构在票据业务准入上的限制；（2）再贴现利率过高；（3）管理制度的变动；（4）缺乏统一的信用评估体系，金融机构难以取得中小企业的真实财务信息；（5）缺乏统一的票据交易信息披露和报价系统，票据市场分割的状况得不到根本解决等。

（三）创业投资公司（或基金）

在借鉴美国融资模式的基础上，自 1996 年开始，我国中央、地方各级政府进行了多种形式的创业投资公司尝试。目前，我国不仅有各类非银行风险投资机构 80 多家，融资能力达 36 亿元，而且符合科技部、中国科学院认定标准的高新技术（中小）企业可按条件申报科技创新基金项目，以获得银行配套融资。国家财政每年拨款 10 亿元，贴息贷款 20 亿元，以支持中小企业的科技创新。

（四）规范非正规金融

合伙投资、互助基金、民间（商业）信用等各种非正规金融是解决我国现有中小企业融资的一个重要途径。但由于认识上的障碍及金融监管力量的薄弱，在整顿金融秩序、防范金融风险的基本出发点下，近年来中国人民银行针对各种民间非正规金融的存在与发展问题出台了许多全国统一的规范政策，取缔了某些在现行法规下不规范的民间金融活动的同时，也尝试把部分民间金融纳入现有的正规金融体系。鉴于现有正规金融体系中中小企业融资问题上还存在相当程度的所有制歧视、规模歧视，加上产权不清、不良资产包袱严重以及经营不力等因素的困扰，这些措施实际上限制了非正规金融对中小企业的支持力度。

思考题

1. 你是否认为必须具有大量的资金才能够创业？

2. 一些创业者说，除非你已经没有办法了，否则你不应该筹集风险资本。你同意吗？说出你的观点。

第九章　新创企业营销管理

第一节　新创企业市场营销目标

目标像是一座灯塔，指引着企业前进的方向，在企业创立初期尤为重要。新创企业在进入市场、采取营销措施之前，应当首先确定自己的营销目标。营销目标的确定需要企业先行对市场①进行了解：企业的顾客有哪些，竞争对手的基本情况，对市场需求进行预测。实际上，我们需要在企业正式发行产品或提供服务之前，通过市场调查的方式了解我们所要经营的项目是否有足够的市场空间，分析初期我们能够达到怎样的销售结果，在此基础之上明确营销目标，指导后续的营销策略与行动方案。我们需要做的第一步，就是先对整体市场有所了解，掌握基本情况，知道哪些顾客会对我们的产品或服务感兴趣，哪些顾客会为我们的产品或服务买单，所以，首要任务就是要认识顾客。

一、认识顾客

顾客是企业生存的基础，一个没有顾客的企业是无法生存的。世间的人千千万，哪些是我们的顾客呢？我们要从茫茫人海中把他们甄别出来，首先需要搞清楚的一个问题是：我们所销售的产品或服务，给予顾客的到底是什么，或者顾客购买我们的产品或服务到底是什么？其实，顾客所购买的并非是产品本身，而是产品满足了顾客的需求。

（一）顾客需求分析

按照马斯洛需求层次理论来讲，人有五个层次的需求：（1）生理需求；（2）安全需求；（3）社交需求；（4）尊重需求；（5）自我实现需求。创业者如果解决了顾客的问题，满足了他们的需求，那么企业成功的可能性就大大增加。现在的消费者需求逐渐向更高层次进行转化，也就是说，社交需求、尊重需求、自我实现需求体现得越来越明显。面对多变的需求，在创业之初应先思考企业准备满足顾客的哪些需求，准备为顾客提供怎样的产品或服务来满足他们的需求。为了加深对顾客的了解，我们对其进行深入调查，掌握更多有关顾客的信息。

---

① 当我们在这里说到"市场"时，并不是指平时我们逛的市场，不是经济学当中所定义的进行商品价值交易的场所。这里所说的"市场"指的是一群具有共同属性或特征的人群，即我们所指向的特定顾客群体，例如我们说"女性市场永远是企业争抢的首选"，那么这里的女性市场也就是女性顾客群体。

（二）顾客信息收集

首先，我们需要清楚的是收集顾客哪些信息。通常来讲，这些信息是围绕着顾客的需求、企业的产品与服务、顾客的购买行为等方面来展开的。我们需要了解：顾客想要什么产品或服务？每个产品或服务的哪方面最重要，是规格、颜色、质量还是价格？顾客愿意为每个产品或每项服务付多少钱？顾客在哪儿？他们一般在什么地方和什么时间购物？他们购买的数量是多少？顾客数量在增加吗？能保持稳定吗？为什么顾客购买某种特定的产品或服务？他们是否在寻找特殊的产品或服务？

这些问题能够有效地帮助创业者了解企业提供的产品或服务与顾客是否对接，为进一步确定目标市场及制定营销策略做好准备。

接下来的问题是，这些信息我们从哪里获取？一般情况下，我们通过以下三种途径来获得信息：

1. 经验判断。如果创业者曾经在与所创企业相同行业中工作过，对所在行业有一定了解，可以凭借以往的经验对顾客需求进行预测，也可以通过在行业中工作的朋友、亲属去进行侧面了解，或者选择与一些产品的销售商进行交谈，通过他人的经验去判断顾客需求以及市场销售的情况。

2. 借助二手资料。在网络发达的今天，很多企业都致力于对消费者的调查，并在每年都会出具各种与顾客相关的数据报告，通过对这些报告的分析，可以了解目前顾客最新的需求，这些报告通常会为我们提供较为准确的信息。当然，行业相关的报纸、期刊、杂志，也是可以帮助我们获取顾客信息的。

3. 抽样访问顾客。我想应该没有比顾客更了解自己的了，既然要了解顾客，那为什么不直接去问顾客呢？尤其是现在的年轻人非常喜欢表达自己的观点，我们可以借助微博、微信等社交媒体打破与顾客之间的交流鸿沟，直接且及时地得到顾客的信息反馈，收集更广泛的顾客信息。除此之外，还可以通过顾客平时发表的内容了解顾客的喜好，并以此为导向，在今后为顾客提供更好的产品与服务。

经过对顾客的初步调查，我们需要对所得信息进行分析，并进一步确定企业的目标市场。

二、确定目标市场

企业不可能服务于所有的顾客，或者说企业不可能满足所有顾客的需求，为了能够使顾客满意，需要确定我们的产品或服务是针对哪一部分顾客的。

（一）市场细分

由于市场过于庞大，我们可以先将市场进行细分，再从细分之后的小市场中选择我们想要进入的市场。在进行市场细分时，我们应注意被划分开的不同市场应有区别于其他市场的典型特点，这一不同之处往往是我们满足顾客需求的重要突破口。我们可以从不同的角度对市场进行细分：

1. 人口细分

我们可以根据一些人口统计因素对市场进行细分，主要包括性别、年龄、收入、家庭生命周期、职业、受教育程度等，这有助于我们对市场需求量进行预测，由以上因素区分的市场差异明显，以此作为依据是一个不错的选择。

（1）性别细分。有些产品有明显的性别差异，例如服装、化妆品、剃须刀等。但是我们应该注意到，在采用性别细分时，不单单是区别男性与女性各自单独的产品领域，跨界往往会带来更大的商机。例如，剃须刀本属于男士专有的用品，没有女士会去使用，但是全球著名的剃须刀生产商吉列发现，女士们为了美观，会用各种方式除去身上过重的体毛，于是世界上第一个专为女士而设计的剃毛刀出现了，这在当时是一个完全空白且潜力巨大的市场。随着现在性别界限的模糊，越来越多的女性开始尝试穿着男士款式的衣服，"Boyfriend"风在服装界盛行，越来越多的男性开始注重自己的容颜，各大护肤品牌争相推出男士专用护肤产品。这些变化往往能带来新的商机。

（2）年龄细分。不同年龄阶段的人有不同的需求点，抓住这一差异，同样可以划分出不同的市场。2008年"三鹿奶粉"事件爆发后，妈妈们对中国的奶粉失去了信任，为了宝宝的健康，开始四处寻求国外优质奶粉，从此打开了海淘母婴产品的大门，多家电商瞄准这一市场开始发力，并涌现出一批专门做母婴产品的电商网站，像蜜芽、贝贝等，他们主要的顾客群体即为婴幼儿的妈妈们。

（3）收入细分。这同样是一个在市场细分中存在许久的标准，应用在各品类的产品当中。例如，吉利集团在成立之初所瞄准的市场即为低端轿车市场，要"造中国老百姓自己的汽车"，让工薪阶层的平民百姓也买得起车。而我们耳熟能详的一些汽车品牌像奔驰、宝马等自然是为更高收入的人群而准备的。

2. 地理细分

地理因素包括地区、城市规模、人口密度、气候等因素，以此可以将市场划分为不同的细分市场。例如，我们按照人口密度的不同，可以将市场划分为城市、郊区、乡村等。电子商务在我国城市发展已经较为成熟，城市中的每家每户几乎都会通过电商进行网络购物，可以说城市市场趋于饱和。为了探寻新的发展，阿里巴巴最先提出电商下乡活动，为农民朋友们带来全新的购物体验，并帮助农村的朋友开设网络店铺，自主创业，由此打开了电商的一片新市场领域。

3. 心理细分

根据心理因素进行市场细分，更能贴近顾客的内心世界，我们可以从社会阶层、生活方式和个性等方面对市场进行划分。例如，现在有部分人喜欢"宅"在家里，享受一种"宅"生活，这已经成为时下年轻人流行的生活方式，尤其是到周末，一周的辛苦劳作终于过去，在家好好享受周末时光成为不少年轻人的新选择，这种生活方式的流行催生了外卖市场的繁荣。

4. 行为细分

根据顾客在购买过程中各种行为方式的不同把他们划分为不同的群体。通常情况下，我们认为行为细分是最有效的细分因素，主要考虑顾客的购买时机、追求利益、使用情况和忠诚度等。

（1）购买时机。顾客有时会在特定的时机购买产品，新创企业如果能抓住这些特殊的购买时机，进入市场打开销量会相对容易得多。例如，情人节的到来会使有伴侣的顾客产生购买行为，各大商家借此机会都在营造一种浓浓的浪漫氛围，以此为主题展开营销攻势。

（2）追求利益。不同的顾客对产品感兴趣的点是不同的，我们把顾客在意的这个能够影响他购买的点称为利益点。例如，有的顾客比较在意产品的质量，有的顾客比较在意产品的外观，有的顾客比较在意产品的价格等。我们在生活中会看到很多环境较差的小饭馆，生意却很好，常常还需要排队等号，只因为味道好，吸引了无数只求口味最佳的吃货们。按照这一因素对市场进行细分，能够准确地满足顾客的需求，是行之有效的细分方式。

（3）使用情况。根据顾客对产品的使用数量及使用频率将顾客进行细分。例如，文具用品对学生及办公人员来讲使用频率较高，使用量也较大，但是对于工人就没有那么大的需求量。因此，使用情况也是一个从行为方式角度对市场进行细分的标准。

（二）选择目标市场

在对市场进行细分之后，企业应当结合自身的实际情况选择合适的目标市场。企业可以选择全部的市场，也可以选择几个细分市场，还可以只选择一个细分市场，每种选择的方式有不同的营销策略：

1. 无差异营销

无差异营销，即企业选择全部市场，不对市场进行细分，不考虑不同市场间的区别，并且只推出一种产品，也就是采取单一营销措施来针对整个市场。例如，早期的福特汽车就采取的是这样的营销策略。福特称："我只生产一种黑色的 T 型车！"在那个资源匮乏的年代，能够以低价购买到汽车几乎是所有人的梦想，市场足够大，所以福特这一车型的汽车取得了斐然的销售业绩。同样，20 世纪 60 年代以前的可口可乐采取的也是无差异营销策略，他们采用单一的包装、单一的口味、单一的宣传语面向所有顾客，并占领了饮料市场大部分的市场份额。

但是，我们应该注意到，现在的福特和可口可乐拥有不同的产品甚至品牌来应对不同的顾客需求。也就是说，市场在发生着变化，单一的营销策略终究不能使所有顾客都感到满意，所以越来越多的企业选择了差异化营销策略。

2. 差异化营销

差异化营销，即差别对待不同的顾客。我们可以选择几个与我们想要经营的产品相匹配的细分市场作为目标市场，针对每一个市场提供不同的产品，并针对每个市场的特点有针对性地展开营销。例如，丰田汽车公司选择为不同的细分市场生产不同类型的汽车。针对首次购买轿车的年轻人，提供了致炫、威驰两款小型车，作为年轻人的代步工具，而为家庭用户准备了卡罗拉车型，整体较为紧凑又有充足的空间；面对高级官员、企业高管等较高收入人群，推出了低调内敛的商务车型凯美瑞；而其旗下的独立品牌雷克萨斯则定位于高端市场。

3. 集中性营销

在企业成立之初，企业资源往往有限，此时可以选择一个或几个小市场，专门为其提供产品或服务。通常情况下，此时选择的市场应该是一个空白市场或经营者较少的市场，虽然市场小，但是通过提供优质的产品或服务，能够抢占该市场较大的市场份额，同样具有发展潜力。例如，味千拉面在全国所有的门店针对白领生产口味相同的拉面，采用的就是集中性营销策略。

三、竞争分析

在正式进入市场之前，我们要注意到，市场上已经存在与我们想要创立的企业类似或相同的企业，即竞争对手。对待竞争对手要像对待我们的顾客一样，了解它的一举一动。在收集竞争对手的信息时，主要围绕下面几个问题：他们的产品或服务的价格怎样？他们提供的商品或服务的质量如何？他们如何推销商品或服务？他们提供什么样的额外服务？他们的企业坐落在地价昂贵还是便宜的地方？他们的设备先进吗？他们的雇员受过培训吗？待遇好吗？他们做广告吗？他们怎样分销产品或服务？他们的优势和劣势是什么？

通过对上述信息的整理，我们需要回答这样两个问题：一是成功的企业是否有相似的运作方式；二是成功的企业是否有相同的价格策略、服务、销售或生产方法等。

四、预测市场需求

在了解了市场供求双方的基本情况后，需要对市场需求进行预测，也就是我们所在地区的顾客一共能够产生多少购买量。可以通过两种较为简单的方式对市场需求进行预测。

（一）基于潜在顾客的平均购买量

以在学校附近开设一家餐馆为例，首先通过前期的调查应该获取到学校的师生总人数，假如是 2 万人，那么这些人每天都会吃饭，都有可能选择我们的餐馆，在计算市场需求的时候，潜在顾客数为 2 万人，每人每餐平均花费 15 元，一天两餐即为 30 元，所以总的市场需求量为 $30 \times 2 = 60$（万元）。这时我们要考虑并非学校里的每个人每餐都在餐馆吃饭，通过前期的调查能够获得愿意选择我们提供的相同品类食物的顾客占比是多少，以 10% 为例，那么我们的市场需求量为 $60 \times 10\% = 6$（万元），这是与我们提供食物相同的其他餐馆所共同拥有的市场需求总量，也就是说，我们做到极致的情况下，即所有选择吃这一食物的顾客都选择我们餐馆，日收入能够达到 6 万元。

（二）基于潜在顾客的收入

由于主要的顾客群体是学生，所以在前期的调查中我们应该包含了学生每月生活费用方面的调查，同样是 2 万名学生，学生的平均月生活费为 1500 元，那么总金额为 $1500 \times 2 = 30000$（万元），生活费中 80% 用于餐饮，餐饮中用于正餐的费用占 80%，正餐中选择我们所提供的食物品类的占比为 10%，那么，市场需求总量应为 $30000 \times 80\% \times 80\% \times 10\% = 192$（万元），这是我们预计的月市场需求总量。

在市场需求总量预测出来后，还要结合自身的实际情况，考虑我们在市场中能够从总需求量中分走多少，再进一步制定营销目标。

五、确定营销目标

营销目标对于新创企业尤为重要，需要在没有进入市场前思考在较短时间内以及未来能够达到的市场水平，为了日后能够对目标进行检验，通常我们会对其进行量化。量化的指标包括销售额、市场占有率、分销网点、价格水平等。

仍以上述餐馆为例，我们可以拟定以下营销目标：在一个月的时间内，在同品类餐馆中市场占有率达到 10%；半年时间，销售额达到同品类餐馆平均水平。

第二节 新创企业营销组合制定

企业确定了自己的营销目标后，就需要考虑如何通过营销组合来制定小目标。在市场营销中有经典的营销组合策略，即 4P 组合策略——产品策略、价格策略、渠道策略和促销策略。随着时代的发展，虽然营销组合有很多的演进，但是最根本的核心内容还是 4P 的应用，所以我们以 4P 理论为依据来探讨新创企业营销组合的制定。

一、产品策略

产品策略是 4P 当中最重要的一个，可以说一个企业是否成功，产品占了 80%的决定权。这里所说的产品是一个广义的概念，并不是单指有形的交付给顾客的物品，而是涵盖了所有能够满足顾客需求的东西，既包括有形的商品，也包括无形的服务。

（一）产品层次

我们首先对产品进行拆分，可以将产品划分为核心产品、基本产品和附加产品三个层次。

1. 核心产品。我们在向顾客推荐产品时，实际上并非是把商品卖给消费者，而是在满足消费者的需求，所以，我们所卖产品的核心就是顾客追求的需求点。我们提供的产品是否能够获得顾客的青睐，最主要的是核心产品，这是我们最应花大力气去思考的问题。顾客对产品的喜爱程度往往与它的市场需求量成反比，也就是说，产品对应的顾客群体范围越小，越容易获得顾客的钟爱；反之，产品对应的顾客群体范围越大，顾客对产品的喜爱程度就会降低。在刚刚创立企业时，我们可以考虑从小市场进入，因为对我们来说，可以集中所有的资源服务于这部分顾客，并能够充分满足他们的需求。当顾客的需求得到满足，他们会将产品向周围的人进行推广，进而可以扩大我们的市场。

2. 基本产品。基本产品也就是我们给顾客提供的用以满足其需求的实际产品，包括产品本身的特色、质量、包装等直观可以感受到的内容。

3. 附加产品。我们提供的核心产品和基本产品能够满足顾客的基本需求，但是要在市场中获取更多的顾客，得到更多顾客的认可，还需要尽可能地为顾客提供更多的服务，也就是附加的产品，如必要的小配件、安装说明、售后服务等。

我们在设计产品时，要注意三个层次的统一，例如，"三只松鼠"提供给顾客的基本产品为顾客收到的包裹"鼠小箱"，采用了优质的纸壳包装并对其进行了可爱的卡通设计，打开后，里面的零食采用的双层包装完好地保持了食品的新鲜，这些能满足消费者对核心产品及基本产品的需求。另外，随箱赠了在吃零食的过程中可能用到的各种小物品，这对顾客来说是贴心的服务，属于附加产品。但是不管是哪个层次的产品都体现着"三只松鼠"与顾客的情感交流，产品、包装、服务达到了统一。

（二）产品组合

很少有企业在经营过程中自始至终只有一种产品，都会随着企业的发展不断地完善企业的产品构成，这就涉及产品组合的问题。

1. 产品线。同类的产品算作一个产品线，例如，餐馆提供餐食的同时也提供饮品，那么就可以把餐食看作一个产品线，饮品看作另一个产品线。又如，宝洁公司生产的产品种类非常多，每一个类别都是一条产品线。

2. 产品项目。所有能够列举的产品均称为产品项目。例如，餐馆的菜单上面所列出的所有菜品和饮品都是产品项目。

3. 产品组合的宽度。它指的是企业拥有多少条不同的产品线。例如，餐馆有餐食和饮品两条产品线，那么产品组合的宽度即为2。

4. 产品组合的深度。它是指每条产品线上的产品项目数。我们一般通过计算产品组合的平均深度来衡量企业细分市场中满足顾客需求的程度。

5. 产品组合的关联性。它是指每条产品线在最终用途、生产条件、销售渠道以及其他方面相互关联的程度。关联程度越高，说明企业产品线之间的一致性越高。

新创企业在选择产品组合时，要结合目标市场的选择，构建恰当的产品组合。在初期，企业不宜将产品组合做得过于复杂，可以先选择集中性战略，针对某一特定细分市场，专门提供一条产品线上的产品，把产品做精。在有一定顾客基础后，从关联性较高的产品线入手，再对产品组合进行调整。

二、价格策略

产品交到顾客手中，收取多少费用为宜，这是接下来要考虑的问题，即给产品定价。产品的生产以及服务的提供都需要相应的成本，在定价之前首先应知道自己的成本情况如何，这是定价的基础，定价至少要高于成本，否则无法获取利润，所以成本预算的准确性直接影响定价和利润。在定价时，不能只看自家的情况，还要对整个市场进行考察，也就是看竞争对手的价格情况如何，根据综合情况来定价。

（一）成本加成法

企业可以在成本的基础上乘以一个加成比例来对产品进行定价。

$$单位产品价格＝单位产品成本×（1+成本加成率）$$

这种方法尤其适用于制造商和服务商。

如果企业经营有效，成本不高，用这种方法制定的销售价格在当地应该是有竞争力的。但是，如果企业经营不好，成本可能会比竞争对手高，这就意味着采用成本加成法制定的价格可能会太高，不具有竞争力。

（二）竞争比较法

在制定价格时，不能只考虑自身的情况。市场存在激烈的竞争，如果只考虑自家的成本与加成比例，那么定价很可能高于市场上竞争对手的价格。所以，要将自己的定价与竞争对手的相比较，看是否具有市场竞争力。

在定价时，通常是将两种方法结合到一起使用，并不会单一地使用其中一种方法。在企业成立初期，为了快速进入市场，新创企业可能会牺牲利润，以较低的甚至亏本的价格进入市场，结合促销手段，使企业快速得到顾客。但是注意两个问题：一是在促销过程中，注明产品的定价为折后价格，以便于在后期将价格调整为正常水平；二是通过低价进入市场的这一时期不宜过长，会使消费者产生永远在打折的误解，认为我们标高价格后再进行销售，形成不良印象。

三、渠道策略

渠道是指产品到消费之间所经历的各环节，包括采购、物流、中间商、销售商等。渠道是产品向市场渗透的途径，理想的市场渗透能够决定对顾客进行产品销售或服务的具体方法。一些可选择的渠道方式包括直接销售、销售代理和交易会。

（一）直接销售

直接销售，即由企业自身的销售队伍将产品直接送达顾客，我们可以把它称为直接渠道。直接销售队伍是一群直接为公司服务的销售人员，他们的薪水要么来自直接工资、工资加奖金，要么来自直接佣金。直接销售队伍作为全职的雇员，其优势在于他们是为公司服务。创业者必须对他们进行有关产品的销售、价格和服务的培训；劣势在于维持全职销售队伍所带来的花费，公司需要为每个销售人员支付薪酬、旅行支出、办公费用和福利等。

（二）销售代理

销售代理即经由中间商销售产品或服务，代理人的薪水来自佣金，佣金的具体计算方法是产品价格乘以某个特定的百分比。在公司收到客户的货款后，销售代理就可以得到佣金。销售代理必须自己支付相关的花费，比如与所销售产品和服务相关的产品样本、旅行、办公、电话以及销售货物本身。

销售代理通常的工作地点是他们能够销售产品或服务的某个特定地域。另外，他们还要签订绩效合同，绩效合同明确了每年需要销售的最低数量。

使用销售代理的优势是，能够让创业者迅速建立一支庞大的专业销售队伍，并在一个相对较短的时间里在全国范围内销售产品或服务；劣势在于，这些代理人员常常将销售其他的产品或服务作为整个销售链的一部分。他们喜欢销售容易出手的产品或服务和那些他们已经拥有一批顾客的产品或服务。由于销售代理是分包商，不直接为公司服务，创业者几乎不能控制他们，因此很难控制有关的定价、追踪和服务。销售代理的延伸模式是联合一个或多个公司进行合作，这些合作公司之间存在紧密的合约关系。

（三）交易会

交易会是一个展示和销售产品的好场所。虽然许多交易会是一年举办一次，但是发现一个适合自己的交易会并不容易。创业者必须仔细考虑参加哪些交易会能见到目标顾客。

在交易会销售产品有五大优势：（1）能够发现许多未来潜在的顾客。不用劳心劳力地去登门拜访，你就能在交易会的展位上见到他们。（2）这是一个不可多得的与同行互相交流的好机会。（3）公司能够展示它们的产品并回答未来顾客关于产品或服务的问题。（4）通过邀请顾客参加公司的招待宴会，可以建立商务关系。（5）能够迅速评估竞争状况。

参加交易会是一个在行业中碰到关键人物和了解行业动态的好办法。交易会前，公司应该筛选问题从而确定销售方向，在交易会中签订的合同能够极大地增加公司销售额，提高市场占有率。

四、促销策略

实际上，促销是与顾客进行沟通的过程，可以让顾客更好地了解我们提供的产品与服务，在企业创立初期运用好促销策略能够快速地让更多的消费者了解企业，帮助企业迅速打开市场。

我们在促销策略中有广告、人员推销、销售促进、公共关系与宣传、直销等很多方法可以选择。

1. 广告。广告是企业在进行宣传时应用最为广泛的促销方式，它能够在较短时间内产生广泛的传播效应，是传播途径最快的一种方式。在选择广告方式时，媒介的选择尤为重要，早先我们的选择多集中在电视、广播、杂志和报刊等媒介；但随着技术的发展，网络成为我们投放广告的新选择。

2. 人员推销。这是一种最古老的营销方式，即销售人员与顾客面对面地进行交谈，促成产品的交易。我们在超市中遇到的导购人员都是在进行人员推销。这种方式首先要解决的问题是人与人之间的信任，所以对销售人员的选择尤为重要。销售人员需要真诚地对待顾客，并能够及时根据顾客的反应判断出他的真实需求，并给出解决方案，这对销售人员的综合素质要求较高。

3. 销售促进。销售促进适合新创企业使用，运用得当能够起到较好的宣传效果。销售促进的形式比较多样，主要包括优惠券、抽奖、减价、打折、免费试用等，目的是为了让顾客快速做出购买决定。新创企业可以采用折扣的形式来吸引顾客。例如，三亚市某餐厅就采取了这样的方式，在开业前通过当地知名微信公众号发帖宣传，告知消费者开业时间，并给消费者极大的折扣诱惑：开业第一天五折，第二天六折，第三天七折，第四天八折，第五天九折！开业第一天，店铺门前排起了长龙，消费者纷纷拍照发朋友圈，更多的人知道这里有了一家排队吃饭的餐馆，商家成功将人流引向餐厅。

4. 公共关系与宣传。我们常见的公共关系的展开方式就是赞助某些大型活动，如体育赛事、公益活动或综艺节目等。这种赞助的方式对节目的选择很重要，同样要考虑受众的一致性。

5. 直销。直销是指厂家不通过其他经销商、批发商等中间环节，直接向消费者提供产品或服务的销售方式。通过这种方式，能够保证向顾客提供产品的质量，并能够为顾客提供一个较为实惠的价格，同时也能够直接地获取顾客的有关信息，便于建立顾客信息数据库，通过数据库对顾客进行分析，更好地为其提供产品或服务。

通常情况下，新创企业不会选择单一的促销方式对产品进行营销，而是整合多种促销方式围绕着营销主题展开一系列的营销活动。而作为新创企业，如果促销方式选择得当，能够以较少的营销费用取得很好的营销效果。

思考题

1. 假设你正在向市场推出一款新产品，该产品是一款能将直发临时变卷发造型的发胶，它可以保持造型至下次洗发时。你会如何进行市场细分？

2. 企业在初入市场时选择产品组合应注意哪些问题？

3. 微信是一种什么样的促销方式？企业应如何应用微信进行营销？

第十章　创业风险管理

第一节　创业风险分类

一、创业风险定义与特征

创业风险是指创业过程中存在的风险，是由于创业内外部环境的不确定性，创业机会与创业企业的复杂性，创业者、创业团队与创业投资者的能力与实力的有限性，而导致创业活动偏离预期目标的可能性及其后果。

创业风险主要有如下几个特点：

1. 客观性。创业风险的客观性即创业风险的存在是客观的，是不以人的意志为转移的。在创业过程中，内外部事物发展不确定性的客观存在是发展变化过程的特性，因而创业风险也必然是客观存在的。

2. 不确定性。创业的过程往往是将创业者的某一个奇思妙想或创新技术变为现实的产品或服务的过程。在这一过程中，创业者面临各种各样的不确定因素。此外，在创业阶段投入较大，往往只有投入没有产出，因而面临资金不足的可能，甚至导致创业的失败。也就是说，影响创业的各种因素是不断变化难以预知的，这种难以预知就形成了创业风险的不确定性。

3. 损益双重性。创业风险对于创业收益不是仅有负面的影响，如果能正确认识并且充分利用创业风险，反而会使收益有很大程度的增加。

4. 相关性。创业风险的相关性是指创业者面临的风险与其创业行为及决策是紧密相连的。同一风险事件对不同创业者会产生不同的风险，同一创业者由于其决策或采取的策略不同，会面临不同的风险结果。

5. 可变性。创业风险的可变性，是指创业的内部与外部条件发生变化时，必然会引起创业风险变化。创业风险的可变性包括创业过程中风险性质的变化、风险后果的变化以及出现新的创业风险三个方面。

6. 可测性与测不准性。创业风险的可测性是指创业风险是可测量的，即可通过定性或定量的方法对其进行评估。创业风险的测不准性是指创业风险的实际结果常常会出现偏离误差范围的状况，这一般是由于创业投资的测不准、创业产品周期的测不准与创业产品市场的测不准等造成的。

二、创业技术风险

创业技术风险是指因技术的不确定性而导致创业失败的可能性。在新创企业的发展过程中，要面对各种与产品技术相关的不确定因素。科学技术的快速发展使得产品的核心技术处于极度动荡的环境中，产品组成部分的结构性重组导致产品的功能等性质不断变化，市场多方力量左右着各种产品技术的商业化过程。无论创业团队在最初构想业务模式时对技术和产品的市场前景如何坚信，都无法避免不确定性。

面对创业过程中技术发展出现的变动性，新创企业的技术风险主要有：

1. 技术成功的不确定性。一项技术变为现实的产品或服务，需经历研发到商品的过程。任何一个环节的技术障碍，都将使创业活动前功尽弃，归于失败。一方面，在研发阶段的初始设计方案能否成功是不确定的。另一方面，新技术产品的商业化生产能否成功也有着极端的不确定性。这是因为新产品的商业化生产往往需要相应的工艺创新、配套的工艺条件和设备条件等；否则，再好的产品设计，也难以在商业化生产中取得成功。

2. 技术前景的不确定性。新技术在诞生之初都是不完善的、粗糙的。工业化生产与实验室是不可能完全相同的，一些在实验室看来很好运作的技术，到了生产车间，虽然也是按照实验室的工艺条件，但要么很难实现，要么就是根本实现不了。当市场出现有别于本企业的方向时，未能跟踪监测竞争技术的发展情况、市场接受程度、配套条件的成熟度等，一味醉心于在实验室里进行的技术研发，是会迷失发展前景的。

3. 技术效果的不确定性。这主要表现在，创业者往往并不能正确地把握他所开发技术可能实现的技术功能，包括三种情况：第一种情况，所开发的技术实现不了创业者预期的产品功能，无法满足市场需求或创造市场需求，无法实现收益，从而使创业陷入困境；第二种情况，创业者开发某一技术的目的是解决问题 A，结果意外地解决了问题 B；第三种情况，所开发的技术虽然能满足相应的产品功能或工艺，但存在一定的负面影响，如造成环境污染、破坏生态环境、不利于整个社会的利益等，有可能受到限制而不能实施，无法收回投资，造成巨大的损失而导致创业失败。

4. 技术寿命的不确定性。随着科学技术的迅猛发展，产品的生命周期日益缩短，更新换代速度日益加快，尤其是高技术产品更是如此。一方面，替代技术的存在或出现，使得出现了更多的竞争对手，对新创企业会形成一定的压力，甚至使新创企业陷入困境。另一方面，由于科技的进步，技术的飞速发展，原有技术极易被新技术替代。当更新的技术比预期提前出现时，原有技术将蒙受提前被淘汰的损失。对于依托高技术产品的创业者而言，如果不能在技术寿命期内迅速实现产业化和市场化，那么会造成巨大损失。

5. 配套技术的不确定性。一项科研成果，特别是重大科研成果的投资，往往需要多种专业相关技术的配套，才能达到标准。创业者往往会利用某一项科技成果进行创业，但当该项科研成果转化所需的配套技术不成熟时，就可能带来风险。

三、创业市场风险

所谓创业市场风险，主要是指在创业市场实现环节，由于市场的不确定性而导致创业失败的可能性。主要有以下几种：

1. 市场需求量的不确定性。创业往往依托某一创新技术，而创新技术产品大多数是新鲜事物，它的市场多是潜在的、待成长的，一般而言，越是高技术新产品，顾客接受起来越是谨慎小心。因此，创业者对于市场是否接受以及有多大容量难以做出正确估计，而市场容量往往决定了产品的市场商业总价值。如果一项高技术产品的推出投入巨大，而产品的市场容量较小或短期内不能为市场所接受，那么产品的市场价值就无法实现，投资则无法收回，造成创业夭折。

2. 市场接受时间的不确定性。无论是市场上已有的同类产品，还是一个全新的产品，进入市场被市场所接受都需要一定的过程和时间，若创业企业缺乏雄厚的财力投入广告宣传中去，产品为市场接受的过程就会更长，因而不可避免地出现产品销售不畅，甚至造成产品积压，从而给创业企业资金周转带来困难，甚至导致创业夭折。

3. 市场价格的不确定性。高技术产品的研制开发成本一般较高，为了实现高投入的高收益，产品定价一般很高。但是，产品价格超出了市场的承受力，就很难为市场所接受，技术产品的商业化、产业化无法实现，投资就无法收回。另外，当这种新产品逐渐被市场所接受和吸纳时，其高额的利润会吸引来众多的竞争者，可能造成供大于求的局面，导致价格下跌，从而影响高技术产品的投资回报。

4. 市场战略的不确定性。一项好的高技术产品或商业点子，如果没有好的市场营销策略，若在价格定位、用户选择、上市时间、市场区域划分等方面出现失误，就会给产品的市场开拓造成困难，甚至功亏一篑。

四、创业管理风险

创业管理风险是指在创业过程中因管理不善而导致创业失败所带来的风险。其风险大小主要由下列因素决定：

1. 管理者素质。在创业实施过程中，不仅仅需要民主决策，集体努力，更需要一位能凝聚团队所有成员的灵魂人物或核心人物，来领导整个团队，否则团队很可能成为一盘散沙，从而失去战斗力。因此，在创业阶段，创业者的素质与能力将对创业活动的顺利进行起到举足轻重的作用。创业者不仅具有较强的专业技术素质，还应具备相应的管理素质。如果管理素质很差，那么就会局限在产品的创新范围，而忽视市场、管理等方面的创新，导致企业风险加大。另外，管理团队的素质也很关键。良好的管理团队就是技术专家、管理专家、营销专家的有机组合，形成企业管理的整体优势，从而为企业产品创新奠定坚实的组织基础。例如，小米手机的创业团队可谓绝对的高端配置，基本覆盖了产学研领域的专家、学者和企业界人士，创业团队中"产"的代表有创始人、董事长兼 CEO 雷军，原金山词霸总经理黎万强，原谷歌中国高级产品经理洪锋；"学"的代表有原北京科技工业大学工业设计系主任刘德；"研"的代表有原谷歌中国工程研究院副院长林斌，原摩托罗拉北京研发中心高级总监周光平，原微软中国工程院开发总监黄江吉。

2. 决策风险。决策一旦失误，往往造成不可估量的损失，从而导致创业的失败。在创业阶段往往更多的是实行集权式决策与管理，而创业者往往就是最终的决策者。因此，对于创业者而言，决策前必须进行科学分析，决不能仅凭个人经验或不切实际的个人偏好而做出决策。

3. 组织风险。组织风险是指因创业企业的组织结构不合理所带来的风险。创业企业的迅速发展如果不伴随着组织结构的相应调整，往往会成为创业企业潜在危机的根源。其中管理体制的不畅是主要原因之一。因此，对于新创企业，创业者从最开始就应该注意组织结构的设计和调整，人力资源的甄选、考评，薪酬的设计及学习与培训等管理，从创业开始就需要建立各种规章制度。

五、创业财务风险

创业财务风险是指因资金不能及时供应而导致创业失败的可能性。

一方面，创业尤其是依托高技术产品进行的创业，所需的创业资金规模较大，融资渠道较少，如果创业者不能及时解决，非常容易造成创业夭折。对于高技术创业活动，由于资金不能及时供应，导致高技术迟迟不能产业化，其技术价值随着时间的推移不断贬值，甚至很快被后面的竞争对手赶超，而使初始投入付之东流。

另一方面，创业需要持续的投资能力。随着创业活动的进一步实施，往往需要不断地投资，若资金不能按时按需到位，就可能导致创业的失败。这主要有两方面的影响因素，其一，创业资金的需求极难判定，有时解决某个技术难题估计要不了多少钱，如果企业有钱随时投入，一旦干完了，回过头来细算账，才发现花了不少钱，大大超出了最初的预算；其二，创业的过程前期资金周转慢，往往只有投入没有产出，难以形成持续的投资能力，可能在批量生产阶段陷入困境。

此外，通货膨胀也是创业财务风险一个不可忽视的问题。通货膨胀出现后，会拉动转化过程中所使用的材料、设备等成本上升，使资金入不敷出。如果资金来源是国外的风险投资公司，由于通货膨胀引起的股市和汇率的波动，也会使投资者承担一定的资金风险。

六、创业环境风险

环境风险是指由于所处的社会环境、政策环境、法律环境发生变化，或者由于意外灾害发生而造成的创业失败的可能性。例如，近年来国外一些新创企业甚至老企业开发转基因产品，被有关国家政府部门明令禁止销售。这样，企业的所有创业投入就可能转化为沉没成本，创业者可能颗粒无收，得不到任何商业收益。当某一种新技术商品化或产业化时，必须打破旧的生产定额，改变生产体制，就会引起阻力。另外，各种自然灾害等，对创业者而言破坏性非常大而且有些是无法预测的。因此，创业者必须重视环境风险的分析和预测，把环境风险减少到最低限度。

七、其他创业风险

除上述几种风险因素外，创业活动还经常伴随着其他风险，如机会风险、知识产权风险、内部协调风险、人力资源风险等。

1. 机会风险主要是指创业者选择创业也就放弃了自己原先所从事的职业，丧失了其他选择，这就是所谓的机会成本风险。

2. 知识产权风险是指创业过程中涉及知识产权的风险。它主要有两种风险：一是侵权风险，即非知识产权拥有者以违法的手段给创业造成损失的可能性；二是泄密风险，是指泄露技术秘密或商业秘密而给创业造成损失的可能性。

3. 内部协调风险是指，创业过程中由于人员的流动和摩擦而造成损失的可能性。就特定的创业团队而言，创业环境在变，每个人面临的机遇和挑战也在变，每个人的目标所指、利益所在都在变。在实践中，创业的过程是与持续的压力、长时间的工作分不开的，因而一旦出现内部协调问题，会使整个创业处于混乱甚至停顿下来，造成巨大损失。

4. 人力资源风险，人是生产要素中最主要、最活跃的因素，也是创业企业最宝贵的财富和最稀缺的资源。高层次的人才是创业企业竞争制胜的重要法宝。但如果人力资源管理不善，高级人才出现跳槽甚至集体跳槽，将会给创业企业以致命的打击。因此，企业需要重视和开发人力资源，建立健全合理的人力资源管理制度，用多种方式激励高级人才在创业企业中进行创造性的工作。

第二节　创业风险识别

风险识别的方法有许多种，主要有现场调查法、财务报表分析法、流程图分析法等，这些识别风险的方法各具特色，又都具有自身的优势和不足。因此，在具体的风险识别中，需要根据企业所面临的情况，灵活地运用各种风险识别方法，及时发现各种引发风险事故的风险因素。

一、现场调查法

现场调查法是一种常用的识别风险的方法。现场调查法是风险管理人员亲临现场，通过直接观察风险管理单位在生产经营过程中的操作流程、所使用的机器设备以及员工的工作环境等情况，发现其中存在的风险隐患。

风险管理人员亲临现场调查，主要从事以下几个方面的工作：

（一）调查前的准备工作

风险管理人员在进行现场调查前，应该做好充分的准备工作。具体来说，主要包括：

1. 时间安排。一方面要确定何时实施调查，另一方面要确定参与一项调查需要的时间。

2. 制作调查项目表。风险管理人员应对调查本身做一个详细的计划，即使小规模的企业，也存在着许多潜在风险。风险管理人员应确保采取合理的风险事项识别技术，以防止遗漏某些重要事项。现场调查往往采用相关表格来记录调查结果，这不仅为现场调查提供了指导，也节省了调查时间，同时还降低了重要问题被忽视的可能性。

3. 参考过去的记录。如果风险管理人员不是第一次调查该项目，那么他就应该参考过去的记录，检查一下是否存在尚未解决的问题，或者还有哪些需要再检查一遍的地方。

4. 选择重点调查项目。通过查阅过去的报告，风险管理人员可以重点调查以前曾经发现风险隐患的设备，并检查该问题是否已经解决。如果在过去的调查中没有发现问题或者这是第一次现场调查，那么最好是准备一张风险清单，上面列明风险管理人员这一次应重点调查的项目。

（二）现场调查及访问

风险管理人员在进行现场调查和访问时，需要注意以下几个问题：

1. 对现场的每一个角落进行仔细的调查，不遗漏可能存在的风险隐患。

2. 风险管理人员要同工作人员交流、沟通，熟悉所调查的环境，这样有助于风险管理人员识别风险。

3. 重点观察那些经常引发风险事故的工作环境和工作方式。大部分情况下，80%的事故都是由20%的原因造成的（二八定律）。

4. 提出粗略的整改方案。在调查现场时，风险管理人员没有时间仔细思考被调查现场的有关情况，但又要预防风险的发生，因而只能提出粗略的整改方案。

（三）调查报告

现场调查结束后，风险管理人员需要撰写调查报告。调查报告是了解风险管理单位风险等级的重要依据，对此，风险管理人员应将调查时发现的情况如实上报，调查报告应该指出标的物的风险等级、危险点和整改方案等。

现场调查法的优点非常明显，风险管理人员可以借此获得第一手资料，减少了对中间人报告的依赖性。同时，在现场调查过程中，风险管理人员可以与工作人员进行沟通，建立良好的工作关系，向其宣传风险理念，为以后风险管理措施的实施打下基础。现场调查法的缺点就是需要花费大量的时间，成本较高，因此，往往只能在某些重要环节的识别上采取现场调查法。

二、财务报表分析法

财务报表分析是运用财务报表数据对企业过去的财务状况和经营成果及未来前景的一种评价，可以为评估企业未来的财务风险和经营风险提供帮助。

财务报表分析法是由克里德尔 1962 年提出的一种风险识别方法。克里德尔认为，分析资产负债表、营业报表和相关的支持性文件，风险管理人员可以识别风险管理单位的财产风险、责任风险和人力资本风险等。这是因为风险管理单位的经营活动最终会涉及货币或财产，运用财务报表可以发现风险管理单位面临的各种风险。利用财务报表识别风险的方法主要有趋势分析法、比率分析法和因素分析法三种。

1. 趋势分析法是指根据企业连续期的财务报表，比较各期有关项目增减变化的方向和幅度，从而揭示当期财务状况和营业情况的增减变化及其发展趋势。将这一指标同以往各年的可比指标进行对比，才能确定企业本期的经营效益和管理水平，分析是否存在着经营风险。同样，企业的成本率、费用率也可以运用趋势法进行分析。

2. 比率分析法是指以同一会计期间的相关数据进行相互比较，求出相关数据之间的比例，以分析财务报表所列项目与项目之间的相互关系。比率分析法运用得比较广泛。例如，我国《企业会计制度》对企业资本金、负债、固定资产、证券及投资、成本、财务报告及财务评价等方面做了具体规定，运用比率分析法可以对企业财务状况的各个方面做出评价。

3. 因素分析法也叫连锁替代法，是指在测定各个因素对某一指标的影响程度时，必须对各有关因素顺序地进行分析。当分析某一因素时，假定其他因素的影响不变，就可以确定风险因素对风险事故的影响。

财务报表能综合反映一个风险管理单位的财务状况，企业存在的许多问题都能够从财务报表中反映出来。财务报表是基于风险管理单位容易得到的资料编制的，这些资料用于风险识别，具有可靠性和客观性的特点。运用财务报表分析的方法，应对每个会计科目进行深入的研究和分析，研究的结果是按照会计科目的形式编制的，可以识别风险管理单位隐藏的潜在风险，可以防患于未然。财务报表分析法的缺点是专业性强，缺乏财务管理的专业知识，无法识别风险管理单位的风险。财务报表分析法识别风险的基础是风险管理单位的财务信息具有真实性，如果财务报表不真实，就无法识别风险管理单位面临的潜在风险。

三、流程图分析法

流程图分析法是识别风险管理单位面临潜在风险损失的重要方法。它是指通过对公司业务流程的解读，将业务流程用图示的方法表达出来，对流程的每一阶段和环节逐一进行调查分析，并针对流程中的关键环节和薄弱环节进行风险识别。

（一）流程图的种类

流程图的类型较多，划分流程图的标准也很多。

按照流程图路线的复杂程度可以分为简单流程图和复杂流程图。简单流程图是将风险主体的生产经营过程按照大致流程进行描述，在进行风险识别时，用连线将主要流程的内在联系勾画出来。复杂流程图是将风险主体的生产经营过程进行详细的分析，用连线将生产经营过程中的每一程序及每一程序中的各个环节连接起来进行描述。

按照流程的内容可以分为内部流程图和外部流程图。内部流程图是以分析主体内部的生产经营活动为流程路线而绘制的流程图。内部流程图用以揭示企业从原材料供应到制成品直至销售出去整个过程中存在的风险。外部流程图是以风险主体外部的生产经营活动为流程路线而绘制的流程图。

按照流程图的表现形式可以分为实物形态流程图和价值形态流程图。实物流程图是依据某种实物在生产全过程中运行的路线而绘制的流程图，各个环节以及环节之间的连线上标出的是物品的名称和数量。价值流程图是用标有价值额度的流程路线来反映生产经营过程中的内在联系而绘制的流程。

（二）流程图的分析

流程图绘制完毕后，就要对其进行静态与动态分析。所谓静态分析，就是对图中的每一个环节逐一调查，找出潜在的风险，并分析风险可能造成的损失及后果。而动态分析则着眼于各个环节之间的关系，以找出哪些是关键环节。

由此看出，流程图分析法的思路是，依据业务流程，将公司的整体运作分成若干个可以进行管理的环节，再逐一分析这些环节和环节之间的关系。这样有助于识别关键环节，并进行初步的风险评估。流程图分析法的优点在于清晰、形象，能够把生产运营环节中的所有风险揭示出来。但流程图会过于笼统，可能描述了整个生产过程，却不能描述任何生产细节，这会导致遗漏一些潜在的风险；而且流程图只强调事故的结果，并不关注损失的原因。因此，想要分析风险因素，就要和其他方法配合使用。

第三节　创业风险评估

一、创业风险评估的概念和特点

风险评估是指在风险识别的基础上，把损失频率、损失程度以及其他因素综合起来考虑，分析风险的影响，并对风险的状况进行综合评价。例如，风险评估机构对金融企业的风险评级、保险公司对保险标的的风险评级等，都属于风险评估。风险评估是风险管理者进行风险控制和风险融资谨慎管理的基础。

风险评估按照不同的分类标准可以划分为不同的类型。按照风险评估的阶段可以分为事前评估、中间评估、事后评估和跟踪评估。按照评估的角度可以分为技术评估、经济评估和社会评估。按照评估的方法可以分为定性评估、定量评估和综合评估。尽管风险评估分类方法不同，但仍具有一些普遍性的特点。

1. 风险评估是对风险的综合评估。在引起损失的各类风险中，有些风险是相互联系的。不同风险之间的联系可能提高或者降低这些风险对风险主体的影响。在风险评估的过程中，需要综合考虑各种风险因素的影响，对可能引起损失的风险事件进行综合评估。例如，失业的增加可能导致员工索赔诉讼、犯罪活动和公司利润的减少等。在预期的这些损失中，单独评估某一风险造成的影响，对于风险管理决策的作用不大，这就需要风险管理者能够综合考虑这些风险因素，评估风险的危害。

2. 风险评估需要定量分析的结果。随着风险管理越来越复杂，很多公司试图更准确地评估风险。然而，在风险管理中，很难找到统一的评估标准评估各种风险可能造成的损失。运用数学模型进行定量分析，为风险评估提供了重要的依据。

3. 风险评估离不开特定的国家和制度。风险主体往往以发生损失的频率和程度来评价风险，但是，对风险单位的风险评价又离不开特定的国家、社会经济和政治制度。例如，在欧洲，星罗棋布的古老建筑物成为财产损失评估的特有问题，而环太平洋国家因台风和其他风暴引起的灾难性损失也是风险评估的重要方面。同时，对正在经历恶性通货膨胀的国家进行风险评估就面临很多的挑战，因为对这些国家财产价值的评估会迅速失效，不稳定的动态风险使风险管理面临着很大的挑战。

4. 风险评估受风险态度的影响。风险评估者的风险态度也会影响风险评估的结果。风险评估者的个性和风险的类别等，都对风险评估的结果有很大的影响。例如，风险评估者对自然风险、社会风险和经济风险的反应不同，风险评估的结果也是不同的。

二、创业风险评估标准

为了进一步认清风险管理，更加准确地评估风险，有必要引入评估损失的几个重要概念，即正常期望损失、可能的最大损失、最大可能损失。预测正常期望损失、可能的最大损失和最大可能损失，需要考虑以下几方面的因素：

1. 财产的物质特性和财产对损害的承受力。财产的物质特性和财产对损害的承受力是确定正常期望损失、可能的最大损失和最大可能损失的依据。例如，保险公司风险经理认为，某幢楼在装有喷水装置和防火墙的情况下，发生火灾的正常期望损失将不超过大楼价值的10%；而在喷水装置发生故障的情况下，楼房可能的最大损失是其价值的30%，最大可能损失是其价值的60%。如果这幢楼房没有安装防火墙和喷水装置，那么，楼房的正常期望损失、可能的最大损失和最大可能损失就会更高一些。

2. 损失评估的主观性。正常期望损失、可能的最大损失和最大可能损失的确定具有主观性。尽管在多数情况下，风险管理者对于正常期望损失、可能的最大损失和最大可能损失的估计会受到主观因素的影响，但人们还是发展了一些复杂的模型化方法来帮助估计正常的期望损失、可能的最大损失和最大可能损失。如果有些风险管理者不能容忍实际损失超过最大可能损失，那么风险管理者确定的最大可能损失就比较大；有些风险管理者对实际损失超过最大可能损失持较宽容的态度，那么，风险管理者确定的最大可能损失就可能小。

3. 损失的管理成本。确定正常期望损失、可能的最大损失和最大可能损失是估计风险管理成本的依据。例如，某保险公司在给某个地区的居民楼签发保单时，需要估计单个事件如风暴、地震等带来的最大损失。在这种情况下，最大可能损失是一种灾害对许多财产造成的损失逐项累计估算出来的，而不是许多灾害对单个财产造成的损失。正常期望损失、可能的最大损失和最大可能损失不仅是保险公司核定风险管理成本的依据，也是保险公司确定保险费率的依据之一。如果以年作为衡量损失的时间单位，就可以得到年度正常期望损失、年度可能的最大损失和年度最大可能损失。

三、创业风险评估

风险评估是在风险识别的基础上，对可能发生的某类风险的预计、度量和后果估计等工作。

1. 定性风险评估。定性风险评估方法主要有历史资料法、理论概率分步法和主观概率法。历史资料法是在项目情况基本相同的条件下，可以通过观察各个潜在的风险在长时期内已经发生的次数，估计每一种可能发生事件的概率。理论概率分步法是项目的管理者没有足够的历史信息和资料来确定项目风险事件的概率时，根据理论上的某些概率分布来补充或修正，从而建立风险的概率分布图。主观概率法是管理者根据自己的经验，去测度项目风险事件发生的概率或概率分布，这样得到的项目风险概率被称为主观概率。主观概率的大小常常根据人们长期积累的经验、对项目活动及其有关风险事件的了解进行估计。

2. 定量风险评估。定量风险评估是量化分析每一风险对项目目标造成的影响。主要方法有盈亏平衡分析、敏感性分析、决策树分析等，详细内容可以参阅有关风险计量方面的资料。

第四节　创业风险防范

一、创业技术风险的防范

对于不同的新创企业，由于企业实力的不同，需根据自身的具体情况，选择最适合自己的防范风险方式。

1. 选择模仿创新或合作创新的技术开发方式。一般来说，对于没有多少创业资本、技术开发的人力资源不充足、开发能力较弱的新创企业，获得金融机构的贷款也比较少，因而其承受开发失败和开拓市场的能力也较弱。此时可以选择模仿创新，以减少和分散技术创新的不确定性带来的风险，或者选择合适的战略合作伙伴，采取灵活的方式分担风险。当企业不断地累积资本以及技术知识，逐步壮大之后，再步入自主创新模式。

2. 建立技术发展趋势的监测系统。系统实时追踪相关技术的发展状况，判断未来趋势，监测竞争对手的研发进展、产品的商业化进展，关注市场对不同技术产品的种种反应。针对初创企业，没有足够的资本购买或建立自己的监测系统，可由擅长信息收集的情报人员进行人工收集、整理、分析，时刻关注市场动态变化。

3. 高度重视专利申请、技术标准申请等保护性措施。

（1）根据知识产权法，及时地获取相应的知识产权。

（2）完善企业内部知识产权规章制度，设立专门的部门和专员来管理企业的知识产权。

（3）提高法律意识，加强行业自律，防止恶意侵权，树立企业长期发展的意识。

（4）维护自己的合法权益，对知识产权的侵权行为以严厉的打击。

4. 依靠技术的特殊性，使企业的创新技术得到较好的保护。对于企业来说，除了运用法律武器保护自己的创新技术成果外，还可依靠技术的特殊性，充分利用自己的优势，开发一些有特色、出发点高、易于保护的技术，实现创新技术的保护与持续开发。

二、创业市场风险的防范

（一）坚持以市场为导向的核心经营理念

新创企业不一定拥有最好的产品和最先进的技术，但一定要拥有正确的营销理念和最合适的营销策略。新创企业要根据自身情况，明确企业所要面临的市场处于何种阶段，树立以市场为导向的核心经营理念。

（二）加强市场营销环境的调查研究

1. 充分获取市场信息，捕捉市场机会。新创企业通过市场的调研活动，掌握相关的情报资料信息，包括顾客需求信息、行业竞争者信息、国家宏观经济及相应的政策信息、国际政治与经济形势等其他信息。捕捉对创业者有利的市场机会，顺利开展企业的市场营销活动，从而防范或降低创业过程中的市场风险。

2. 进行市场分析，挖掘市场需求。因为市场信息存在于社会生活的各个方面，是多种多样的，但并不是每一个市场信息都具有实际意义。新创企业在尽可能地搜集市场信息后，为了抓住和利用对企业有利的市场机会，需结合现状，把握经济发展规律，进行市场分析。

3. 进行市场细分，选择目标市场。企业进行细分市场，明确了发展方向以后，就要研究和选择目标市场。目标市场是企业决定进入的市场，也是企业决定为之服务的顾客群体。市场需求是复杂多变的，企业不可能全都满足。只有在深刻了解市场需求的基础上把市场分为不同类型，结合企业自身资源和市场环境条件确定目标市场，才能充分发挥企业优势，增强竞争能力。

（三）建立市场监控及策略调整机制

建立市场监测及策略调整机制，也就是在企业运营过程中，对市场信息实时进行监控，保持对关键市场信号的敏感度，当市场风向与企业先前制定的市场营销策略不符合时，随时调整先期制定的市场营销策略。

（四）加强市场营销管理，缩短市场接受时间

加强市场营销管理，强化售后服务意识和营销队伍的建设。挖掘、任用具备营销能力及技术知识的营销人才，建设最坚强有力的营销队伍，也是防范市场风险的有效手段。

（五）寻求战略合作伙伴，规避市场风险

市场在短期内对新创企业提供的产品或服务的需求也许不够明显，但是经过一定时间的投入和培育，消费者的需求就会被唤起。若是企业实力不够，可以寻求合适的战略合作伙伴，借助外部力量，优势互补。

三、创业财务风险的防范

（一）增强投资者和企业管理人员的风险意识

创业投资本身就是一项风险很大的投资行为，应该大大增强投资者和企业管理人员的风险意识，使其具有很强的风险观念，这样在投资和经营过程中就会有意识地注意防范风险，特别是财务风险。因为企业的市场风险和经营风险最终都会在财务风险上有所体现，可以说财务是新创企业经营的神经末梢。财务风险是新创企业最外在的风险，也是最后的风险，因为财务风险会直接导致企业创业失败。企业财务人员应能够发现和正视风险，为决策层提供企业的财务风险信息，并提出有效防范措施以供决策层参考。

对于财务风险的估计和防范，更多地需要经营者和财务管理人员的判断，因而培养他们的风险意识和对风险的灵敏嗅觉，可以及时发现和估计潜在的风险。也就是说，在防范财务风险分析时，需要管理人员对具体环境、方法的切合性及某些条件进行合理假设和估计。另外，在采取防范和规避风险的对策时，必须以规范、科学的管理为基础，否则因使用对策不当反而有可能招致更大的风险。

（二）提高企业财务实力

雄厚的财务实力是防范风险的根本，而企业财务实力的改善必须依靠生产经营、投资、筹资等多方面的综合战略安排来实现。

1. 保证资金的流动性。现金是企业的血液，企业财务经营的改善与恶化首先都是从现金

流量开始的。在市场经济环境下，大至整个企业的兴衰，小至一个投资项目的成败，都取决于是否有足够的现金流用于各种支付。为此，企业在日常的经营中必须做到：

（1）确定理想的现金余额。现金是企业全部资产中流动性最强的资产，现金持有量过少不能保证企业的正常支出，会因现金短缺而产生财务风险；反之，企业持有的现金越多，虽然支付能力越强，但现金是一种增值能力最小的资产，现金持有量过大，机会成本增大，企业利润率会降低。因此，在经济业务发生之前，如财务部门能初步掌握各部门对资金的需求量及资金支付时间，更有利于对货币资金的事前控制。

（2）加强应收账款的管理。比如，对房地产开发企业而言，其应收账款很大部分是应收售房款，应着重做好以下工作：首先，设立应收房款台账来辅助会计核算。账内分别设立房屋单位号数、面积、售价、客户姓名、付款方式和期限、每次收房款金额的实际以及备注等多个栏目，逐项登记，使每个客户的付款情况一目了然。其次，财务部门要定期与销售部核对客户付款情况，不按期付款的要及时通知销售部查明原因，积极催款，以保证资金回收。

（3）加强存货管理，保持最佳占有量。实行现金流量预算管理，建立以预算为基准的指标考核体系，通过一系列内部控制制度，使存货量保持在一个合埋的水平。

2. 进行收益质量的分析和管理。收益质量分析也就是对会计利润和净现金流量的差异进行分析，找出差异产生的原因并加以改进，以提高收益质量，降低财务风险。

（三）建立健全企业财务风险的防范机制

新创企业应该建立预算模型，选择预测风险的方法，对各种情况下可能发生的财务风险及风险的影响程度进行测试，对测试出的风险应采取预防措施。如通过保险、合同、担保和租赁等方式，把风险转嫁给保险公司、购销对象、担保人和租赁人等。新创企业可以考虑利用变动成本法编制财务预算，而且要应用弹性预算，以尽量为应付业务变动所带来的影响留有余地。在进行预算编制时，还应综合利用零基预算和滚动预算的预算编制方法，使预算成为抵御财务风险的有力武器。

新创企业还可以采取财务风险管理，是指企业在充分认识所面临的财务风险的基础上，采取种种手段和措施。

1. 降低风险法。降低风险法的一种策略是通过付出一定的代价来减少损失出现的可能性，降低损失程度，如通过给予客户现金折扣以加速应收账款的回收。另一种策略是采取措施增强企业抵御风险损失的能力，如降低产品成本，提高产品质量，增强竞争力，有利于降低销售风险。

2. 分散风险法。企业可通过联营，利润分享、风险共担，或者可以多投资一些不相关的项目，在时间上、数量上相互补充以便降低风险。这种多元化经营以提高市场竞争能力和加强应变能力，增加灵活性和稳定性，尽可能避免在市场经济出现结构性不景气时，因主营业务被淘汰而使企业面临巨大的风险，从而达到化解风险的目的。

3. 转嫁风险法。转嫁风险是指企业通过某种手段将风险转嫁给其他单位承担的方法。如风险保险，即企业通过事先向保险公司缴纳保险费，形成社会保险基金，用于意外损失的补偿，这实际上是将一部分风险转嫁给保险公司。

4. 缓冲风险法。按稳健性原则，建立风险基金、坏账准备金等，以减缓一旦遭受风险损失时对企业所造成的巨大冲击。

（四）利用企业孵化器提高企业的成活率和成功率

企业孵化器是通过提供一系列新创企业发展所需的管理支持和资源网络，帮助和促进新创企业成长和发展的手段或企业运作形式。孵化器通过提供场地、共享设施、培训和咨询融资以及市场推广等方面的支持，降低新创企业的创业风险，提高企业的存活率和成功率。为了降低和抵御新创企业的财务风险，新创企业在种子期应该充分考虑利用企业的孵化器，不要急于从企业孵化器中脱离出来。新创企业还可以考虑即使从企业孵化器脱离，也应积极和企业孵化器形成经营与资本上的联系，这样既可以促进企业的成长，又有利于降低新创企业的后续经营风险。

（五）积极吸收风险投资基金

风险投资基金是一种向新创企业提供股权资本的投资行为，其基本特征是：投资周期长，一般为3—7年，除资金投入外，投资者还向投资对象提供企业管理等方面的咨询和帮助，投资者通过投资结束的股权转让活动获取投资回报。新创企业如果能够多方面吸收风险投资基金的投资，就会大大改善新创企业的资本结构，充实企业的资本金，提高企业的偿债能力，降低和防范企业的财务风险。

（六）加强财务会计制度的建设

新创企业要按照科学规范、职责分明、监督制约、账务核对、安全谨慎和经济有序的原则建立严密的财务会计控制制度，会计记录、账务处理和财务成果核算等完全独立，并且严格按照企业财务会计制度规范进行，保障财务、会计信息的完整性、准确性、客观性与有效性。

四、创业经营管理风险防范

（一）不断完善、优化组织设计

对于新创企业，创业者从最开始就应该注意组织结构的设计与调整，人力资源的甄选和考评，薪酬的设计及学习与培训管理，需要建立健全各种规章制度，并培育企业文化，建立一个具有共同目标的组织。

（二）组建合理的高效团队

1. 慎重选择团队成员。只有适合创业的成员才可以进入创业团队，不适合的人不应该被拉进创业团队，否则会给企业带来潜在危害。因此，应该慎选创业团队成员，了解成员是否具有创业所需要的品质，形成以市场、技术、财务三大必备人才为基础的团队结构体系，这样才能够组建一支出色的创业管理团队。

2. 培养经理人才。在现代企业中，尽管可能有不同的组织形式，但每一个企业都有管理者，他们对企业的生存、发展起着决定性的作用，我们称之为经理。由于经理在企业管理工作中扮演多种角色，承担着管理职能，因此他需要坚实的知识背景和基本的管理技能。经理应具备的素质包括品德优秀、知识和实际技能全面等。其中，品德是指经理人应具备强烈的管理意识和责任感；知识是指经理人应该掌握一定的专业知识和管理知识；实际技能是指经理人应具备把管理理论与业务知识应用于实际，进行具体管理、解决实际问题的能力。经理人还应该具备良好的精神素质，即创新精神、实干精神、合作精神和奉献精神。

3. 知人善任。"萧何月下追韩信""刘备三请诸葛亮"等历史故事告诉我们，关键性人才难得，必须珍视。创业者要主动发现和任用各类人才，为他们提供和创造发挥才能的广阔空间。

（三）建立合理的创新激励机制

企业员工对企业的忠诚和责任心，以及工作的积极性，都与其获得的激励有关。一般来说，有效的激励手段包括进修、提升等。激励机制要求公平、合理，创业者或经理人应该按照企业员工的工作实际进行奖励。

五、创业外部环境风险的防范

企业外部环境风险的不可控性，是我们无法去改变或者控制外部环境的变化，只有在企业内部建立一套应对环境风险的预警管理系统，来监测与评估外部环境对企业的影响，明确企业面临或可能面临的不利环境因素，这样就可以建立防范企业外部环境风险的有效机制，把外部环境风险的损失减少到最低程度。

思考题

1. 简述创业风险的分类。
2. 企业进行风险评估需要考虑哪些因素？
3. 简述最大可能损失与最大期望损失的区别。
4. 简述创业风险的防范措施。

参考文献

[1] Alexander Osterwalder, Yves Pigneur, Christopher and Tucci. Clarifying Business Models: Origings, Present, and Future of the Concept[J]. Communications of the Association for Information Systems, 2005 (16).

[2] Andrew Zacharakis and Dean Shepherd. The Nature of Informationand Overconfidence on Venture Capitalism Decision Making[J]. Journal of BusinessVenturing, 2001, 16 (4).

[3] Dean Shepherd. Venture Contradistinction: A Comparison of In Danseuse Dispossession Policies[J]. Journal of Small Business Management, 1999 (7).

[4] 爱德华·布莱克威尔著. 詹强译. 融资与创业[M]. 四川：西南财经大学出版社，2004.

[5] 阿玛尔·毕海德. 魏如山，等译. 新企业的起源与演进[M]. 北京：中国人民大学出版社，2004.

[6] 卞颖星，赵恺. 创业的一般过程、模式及特点分析[J]. 就业与创业，2010（09）.

[7] 彼得·德鲁克. 蔡文燕译. 创新与企业家精神[M]. 北京：北京机械工业出版社，2009.

[8] 布鲁斯·巴林格，杜安·爱尔兰著. 杨俊，等译. 创业管理：成功创建新企业[M]. 北京：机械工业出版社，2010.

[9] 布鲁斯·巴林杰著. 陈忠卫，等译. 创业计划：从创意到执行方案[M]. 北京：机械工业出版社，2016.

[10] 巴罗. 高俊山译. 小型企业[M]. 北京：中信出版社，1998.

[11] 成文，王迎军，高嘉勇，张敬伟. 商业模式理论演化述评[J]. 管理科学，2014（03）.

[12] 陈燕，等. 风险投资理论与实践[M]. 广东：华南理工大学出版社，2000.

[13] 蔡啟明，刘益平. 创业管理[M]. 北京：机械工业出版社，2016.

[14] 曹礼和. 顾客满意度理论模型与测评体系研究[J]. 湖北经济学院学报，2007.

[15] 陈高林，等. 创业法制管理[M]. 北京：清华大学出版社，2005.

[16] 戴维·盖奇. 姜文波译. 合伙人章程[M]. 北京：机械工业出版社，2005.

[17] 德鲁克著. 可政译. 创业精神与创业[M]. 北京：中国社会科学出版社，1987.

[18] 杜国如. 我国体育消费市场细分化的探讨[J]. 西安体育学院学报，2004（10）.

[19] 杜莹芬，时杰. 企业全面风险管理[M]. 北京：经济管理出版社，2014.

[20] 干胜道. 创业财务规划[M]. 北京：清华大学出版社，2005.

[21] 霍亚楼. 创业过程的研究模式及框架重构[J]. 企业经济，2009（10）.

[22] 黄德华. 谁是你创业的好搭档[J]. 成才与就业，2011（09）.

[23]贺尊. 创业学概论[M]. 北京：中国人民大学出版，2011.

[24]段宽. 浅议广告与企业文化传播[J]. 决策探讨，2015（03）.

[25]郝登峰. 大学生就业创业理论与方法[M]. 北京：人民出版社，2010.

[26]姜彦福，张帏. 创业管理学[M]. 北京：清华大学出版社，2015.

[27]焦靖. 纪实影片的市场细分[J]. 电影文学，2011（10）.

[28]揭筱纹，张黎明. 创业战略管理[M]. 北京：清华大学出版社，2006.

[29]揭筱纹，等. 创业战略管理[M]. 北京：清华大学出版社，2006.

[30]克里斯托弗·阿川，罗伯特·罗瑟尔. 卓越领导力：理论、应用与技能开发[M]. 北京：清华大学出版社，2010.

[31]李涛. 社会创业的内涵、特征及其价值探索[J]. 科技创业月刊，2013（07）.

[32]刘志阳，李斌，任荣伟，桑大伟. 创业管理[M]. 上海：上海财经大学出版社，2016.

[33]刘昌明，赵传栋. 创新学教程[M]. 上海：复旦大学出版社，2007.

[34]赖国伟. PC 产业商业模式创新[M]. 福建：厦门大学出版社，2013.

[35]李俊，秦泽峰. 创业管理[M]. 北京：北京大学出版社，2016.

[36]刘常勇. 创业管理的 12 课堂[M]. 台湾：天下文化出版社，2002.

[37]李维安. 公司治理[M]. 天津：南开大学出版社，2001.

[38]里基·格里芬. 管理学（第 9 版）[M]. 北京：中国市场出版社，2008.

[39]刘书葵. 浅论顾客关系管理[J]. 山西煤炭管理干部学院学报，2007（11）.

[40]雷滨. 有效的产品组分——企业制胜的法宝[J]. 汽车与社会，1998.

[41]黎永泰，黎伟著. 创业企业文化设计[M]. 北京：清华大学出版社，2005.

[42]李蔚，牛永革. 创业市场营销[M]. 北京：清华大学出版社，2005.

[43]刘志阳，李斌，等. 创业管理[M]. 上海：上海财经大学出版社，2016.

[44]毛文静，唐丽颖. 组织设计[M]. 浙江：浙江大学出版社，2012.

[45]Paul Hopkin. 蔡荣右译. 风险管理[M]. 北京：中国铁道出版社，2013.

[46]曲殿彬. 论创业的内涵、特性、类型及价值[J]. 白城师范学院学报，2011（10）.

[47]芮明杰. 新经济·新企业·新管理[M]. 上海：上海人民出版社，2002.

[48]施建农. 创造力与创新教育[M]. 北京：军事医学科学出版社，2015.

[49]斯晓夫，吴晓波，陈凌，邬爱其. 创业管理理论与实践[M]. 杭州：浙江大学出版社，2016.

[50]斯蒂芬，罗宾斯. 管理学[M]. 北京：中国人民大学出版社，2008.

[51]沈静涛. 需要层次理论与 ERG 理论的差异性研究[J]. 吉林广播电视大学学报，2010（07）.

[52]师爱芬，谢建华. 组合产品设计研究[J]. 河北经贸大学学报（综合版），2003（03）.

[53]佘镜怀，马亚明. 企业风险管理[M]. 北京：中国金融出版社，2012.

[54]陶莉. 创业企业组织设计和人力资源管理[M]. 北京：清华大学出版社，2005.

[55]王文希. 全民创业的理论与实践研究[D]. 四川社会科学院硕士论文，2010（04）.

[56]吴照云. 管理学[M]. 北京：中国社会科学出版社，2010.

[57]王惠兰. 从人类需求理论看网络经济的本质及发展[J]. 山东经济，2003（09）.

[58]武震. 顾客满意是连接商品质量与价格的桥梁[J]. 松辽学刊（社会科学版）. 1998（02）.

[59]吴赣英. 人员推销——商业促销的一种重要方式[J]. 企业经济. 1995（09）.

[60]武燕玲. STP 营销在旅游企业中的应用[J]. 科技信息，2007（10）.

[61]王亚利，余伟萍. 创业方案及点评[M]. 北京：清华大学出版社，2006.

[62]王兴元，王秀成. 创业计划[M]. 山东：山东大学出版社，2002.

[63]肖建忠，付宏. 新创企业的企业家[M]. 天津：南开大学出版社，2009.

[64]谢守祥. 基于顾客价值的企业核心竞争力塑造[J]. 湖南行政学院学报，2004.

[65]薛媛. 基于整合营销传播理论的网络广告创意策略[J]. 传媒观察，2007.

[66]原磊. 商业模式分类问题研究[J]. 中国软科学，2008（5）.

[67]亚历山大·奥斯特沃德，伊夫·皮尼厄. 商业模式新生代[M]. 北京：机械工业出版社，2016.

[68]姚立宏，郝喜玲. 创业研究理论框架述评[J]. 科技创业，2008（2）.

[69]岳澎，黄解宇. 现代组织理论[M]. 北京：北京大学出版社，2010.

[70]姚梅芳等. 我国创业融资金融体系创新研究[J]. 经济纵横，2006（2）.

[71]姚凤云，赵雅坦，郑郁. 创新与创业管理[M]. 北京：清华大学出版社，2017.

[72]杨利艳. 论企业市场营销活动的项目化管理[J]. 中国商贸，2013.

[73]周直. 创业精神及其文化培育[J]. 南京社会科学，2004.

[74]钟殿舟. 有一种模式叫山寨[M]. 湖北：武汉大学出版社，2009.

[75]张玉利. 创业管理[M]. 北京：机械工业出版社，2013.

[76]张继彤. 劳动合同法的成本效应分析[J]. 经济学家，2009（3）：68.

[77]张玉利，程斌宏. 重新设计组织：在剧变环境中求生存[M]. 天津：天津人民出版社，1997.

[78]张汝山，张林. 大学生创业案例解析[M]. 南京：南京大学出版社，2013.

[79]张恒. 大学生创业基础[M]. 北京：人民邮电出版社，2016.

策划编辑：王　冰
责任编辑：童　颖
封面设计：周桐宇

ISBN 978-7-310-05752-8

9 787310 057528 >

定价：28.00元

现代农业技术概论

（上册）

李乃祥　丁得亮　主　编

丁战平　王松文
柴慈江　陶秉春　副主编

南开大学出版社